DE LA VIE FUTURE

AU POINT DE VUE SOCIALISTE.

Marseille — Imp. Association d'Ouvriers, Canebière, 42.

DE LA

IE FUTURE

AU POINT DE VUE SOCIALISTE

PAR

ALPHONSE ESQUIROS

PARIS,
CHEZ COMON, ÉDITEUR, QUAI MALAQUAIS, 15.

1850

PROLOGUE.

Les Confessions d'un Curé de village.

Au fond de l'Auvergne, entre Clermont et Puy-en-Velay, s'étend, au dos d'une colline, le petit village de Neschers. Au milieu de quelques toits de chaume, s'élève un ancien château avec des tourelles, en face du château une église surmontée d'une flèche, et à côté de l'église le presbytère. C'est là que vivait, il y a quelques années, un humble prêtre, célèbre dans le pays par ses bonnes œuvres. Ayant fait alors un séjour de deux mois aux environs de Neschers, je venais de temps en temps lui rendre visite. Sa chambre était bien simple : un prie-dieu, un crucifix au-dessus d'un vieux lit recouvert en serge verte, quelques rayons de bibliothèque avec des livres. On voyait aussi accrochés aux murs des débris fossiles, des fragments d'animaux antédiluviens, dont les formes tronquées et confuses rappelaient vaguement une création évanouie. Ces richesses géologiques provenaient de fouilles récentes qui avaient été faites, aux environs, dans un des bassins de l'Auvergne. On arrivait dans cette chambre, ornée de moulures naturelles qui retraçaient des scènes de bouleversements et de ravages, par une entrée fort pauvre. Le presbytère était dans un état délabré : de larges crevasses lézardaient les murs extérieurs, et le vent arrachait des tuiles au toit recouvert de mousse. C'était un spectacle étrange que celui de cette masure en ruine qui servait à recueillir les ruines d'un monde.

L'abbé Symphorien avait un petit jardin qu'il cultivait lui-même. A force d'entrer la bêche dans une terre pierreuse et résistante, il était parvenu à changer la nature du sol végétal. On voyait dans ce jardin, enclos de haies, un peu de vigne, quelques cerisiers et un grand pommier centenaire qui laissait tomber partout ses rameaux chargés de fruits. Un des désespoirs du curé, quand il avait bien bêché, bien semé, bien palissé, quand le fruit et les légumes se montraient, c'était de voir fondre dans son jardin les pigeons du château, qui mangeaient tout. Il se fâcha d'abord contre ces oiseaux gourmands. Les tuer ! c'eût été son droit : mais le bon prêtre se contenta de les effaroucher en frappant dans ses mains. Peu à peu, nos maraudeurs, s'apercevant qu'ils avaient affaire à un ennemi si traitable, venaient s'abattre à grand bruit d'ailes, lui présent, sur les pois verts et les fèves qu'ils saccageaient. Les menaces, les cris n'y faisaient plus rien ; le curé complaisant avait fini alors par rire de leur hardiesse et par aimer ces beaux enfants prodigues qui mangeaient son bien. Les pigeons reconnaissants voltigeaient çà et là, autour de sa tête, par blanches nuées, et venaient chercher leur nourriture jusques dans ses mains, qu'il leur ouvrait toutes remplies de graines.

L'église ressemblait au presbytère par son délabrement. N'était le clocher, surmonté d'un coq, on l'eût prise à l'extérieur pour une grange. Des poutres transversales coupaient brutalement la voûte. L'autel avait un tabernacle avec des chandeliers de bois. Des images de saintes, naïvement couvertes de robes brodées et pailletées, variaient la nudité des murs. La plupart des fenêtres étaient défoncées, mais le lierre et la vigne sauvage formaient au-dehors des dessins, et comme des vitraux naturels qui coloraient à l'infini les rayons du soleil. Loin de rougir de la pauvreté de son église, l'abbé Symphorien ne l'eût pas voulue plus ornée. L'étable de Bethléem, me disait-il, était plus humble encore, et le Sauveur ne dédaigna pas d'y naître. Le calice d'étain plaît autant à Dieu que le calice d'argent, quand il est offert par des mains pures. — Une partie du toit ayant été enlevée par un orage, il se fit au plafond de l'église un jour assez considérable que la commune tardait à réparer. Le bon curé supportait ces délais avec une résignation charmante : — « C'est une ouverture toute faite, ajoutait-il en souriant, et comme un chemin tout tracé, par où notre prière doit monter plus librement vers le ciel. »

L'abbé, dans sa jeunesse, avait étudié un peu de médecine. Comme il passait maintenant des journées entières dans les bois et les champs à herboriser, il avais appris dans ses courses à connaître le nom des familles végétales. Nul n'était aussi savant que lui sur la flore de l'Auvergne. On voyait dans sa chambre un herbier qui figurait parmi les autres richesses naturelles. Cette science, toute pratique, lui avait fait découvrir aux plantes des montagnes certaines vertus sanitaires dont les plus habiles botanistes ne se doutent pas. Comme il n'y avait pas de médecin dans la commune, il se rendait lui-même au lit des malades. Il soignait chacun selon son âge et selon sa manière de vivre; la connaissance intime qu'il avait des mœurs du paysan, de sa constitution, de ses besoins, le mettait à même d'appliquer, sans grandes lumières, des remèdes qui allaient au mal. Prudent, il comptait plus sur les forces de la personne souffrante que sur les ressources de l'art, pour rappeler la vie dans ces robustes et saines organisations que les désordres des villes n'avaient point usées. — Sachant que la plupart des maladies de ces bonnes gens viennent de privation ou d'excès de travail, il ne craignait pas d'apporter lui même le morceau de bœuf et le vin, dans des cas assez graves, où la médecine de l'école eût prescrit la diète. Quand le malade revenait à la santé, le bon curé se gardait bien de faire à ses remèdes les honneurs de la guérison; il attribuait cet heureux retour aux seules puissances de la nature et à la bonté de Dieu.

On ne sait point assez ce que peut un curé de campagne pour le soulagement des classes qui travaillent. L'abbé Symphorien avait l'esprit orné avec les gens instruits, et simple jusqu'à la bonhomie avec les ignorants : il ne gardait vis-à-vis de ces derniers d'autre parure que l'Evangile, dont il citait volontiers le texte dans ses homélies. Son éloquence était toute rustique comme l'auditoire qui l'écoutait. Il prenait ses images dans les saisons, dans les travaux des champs, dans les mœurs des animaux domestiques. Le jour de Pâques, il prêchait Jésus-Christ ressuscitant dans toute la nature renouvelée, et son humble discours jetait plus de fleurs que les pruniers sauvages dont on voyait les bouquets blancs s'épanouir à travers les fenêtres de l'église. Il parlait de Dieu en termes si touchants, que les enfants, les femmes le comprenaient et fondaient en larmes. A l'exemple de son *divin maître*, il aimait les enfants et admirait leur simplicité. Le catéchisme, que d'autres prêtres font par habitude ou par devoir, le curé de Neschers le faisait avec goût : cela donnait à ses leçons un ton naturel et plein de grâce qui lui gagnait tous ces petits cœurs. Si quelques-uns montraient des dispositions pour l'étude, il se faisait lui même leur maître d'école. L'abbé avait réuni de la sorte une douzaine de pauvres enfants qu'il instruisait. Il leur expliquait, dans la langue de Virgile, l'art de remuer la terre, d'élever les bœufs et les abeilles, d'avoir de riches moissons; il cherchait ainsi à déguiser sous le charme des beaux vers la monotonie et la sécheresse de ces rudes travaux.

Le châtelain de Neschers était un homme avare et dur au paysan. Il y avait aussi, dans les environs, d'anciens domaines, dont l'abondance contrastait amèrement avec la triste misère des habitants du village. Le curé portait les alarmes de la conscience dans l'intérieur du château et toute sorte de consolations sous les toits de chaume. Sévère et quelquefois tonnant, la Bible à la main, il cherchait, par ses discours, à jeter dans le cœur des riches le brandon de la charité. Craignant d'ailleurs d'éveiller par là des sentiments de haine dans le cœur des pauvres, qui s'imaginent, et pour cause, que le bonheur des riches est pris sur leur propre sort, il avait toujours soin d'envelopper de telles menaces dans un langage figuré. Il désignait les avares et les orgueilleux par ces hauts cèdres du Liban que l'Ecriture nous montre couchés à terre, tandis que l'herbe des champs continue de pousser, après leur chute. Grâce à ces ménagements, il avertissait les grands de leurs devoirs. Son influence était toute de conciliation et d'adoucissement. Il disait aux riches : Donnez! aux petits : Patience! à tous : Aimez! Il ne voulait briser ni le chêne, ni le roseau. A l'ouvrier des champs il conseillait le travail, non comme un châtiment, mais comme une œuvre agréable à Dieu, qui a fait l'eau pour couler, les astres pour se mouvoir, l'homme pour agir. Au besoin, il se servait de l'espérance d'une autre vie. Le paradis n'était pas dans ses idées une sorte de frein qu'on passe à la bouche du peuple pour le réduire ; c'était une compensation sublime aux maux de la vie, qui devait en adoucir l'amertume et nous faire aimer cette vallée de larmes.

L'abbé Symphorien donnait lui-même l'exemple d'une vie active et laborieuse. Toujours levé avant le jour, il ressemblait pour la vigilance au coq de son clocher. Un paysan était-il malade, il conduisait de ses propres mains la charrue dans le champ et touchait lui-même les bœufs. Le vénérable curé faisait tout cela de bon cœur, car il aimait la terre. Pauvre, il était riche de désintéressement et d'abnégation. Quand ses petits revenus étaient épuisés, il donnait aux malheureux du bien des autres, mais il y ajoutait toujours une grâce et des conseils paternels qui doublaient le prix de l'aumône. Quand il portait au loin du blé et du vin, il allait quelquefois monté sur le dos d'un âne, comme son divin Maître, et encore sur un âne emprunté. La confession était pour lui un moyen d'entrer dans les peines de ses ouailles, de descendre dans la connaissance de leurs besoins, d'obtenir l'aveu de leurs misères, tout en leur épargnant une rougeur pénible. Il savait ainsi, l'hiver, ceux qui avaient froid ; l'été, ceux dont la récolte avait été mauvaise. Enfin, chose plus grave ! il pénétrait les blessures du cœur. Pleurant avec ceux qui pleuraient, pécheur avec les pécheurs, il prenait sur lui tout le fardeau. Ceux ou celles qui aimaient trouvaient en lui un père indulgent, non un juge. Il s'intéressait à tout sans curiosité. Ce que son âme contenait de mansuétude et de charité chrétienne était infini. Quand des intérêts faisaient obstacle à un mariage d'inclination, il recevait avec tendresse les confidences des deux soupirans; fallait-il parler à leur famille, il parlait; agir, le bon curé ne se donnait pas de relâche que tout ne fût arrangé pour le mieux. Aimé de tous ses paroissiens, il les portait tous dans son cœur; son troupeau était pour lui une famille. Quand un enfant naissait dans le village, c'était fête au presbytère; le bon curé sonnait lui-même la cloche en signe de réjouissance. C'était un enfant adoptif de plus. Quand, au contraire, un des fidèles venait à mourir, l'abbé se montrait désolé comme de la perte d'un ami. Il invitait un de ses confrères à venir faire l'enterrement; car, pour lui, il en était incapable. Des soupirs et des sanglots avaient plus d'une fois, en pareille circonstance, coupé les chants de l'église sur ses lèvres tremblantes. La lune le voyait au contraire venir seul la nuit au cimetière et prier à genoux sur l'herbe des morts.

Sa tolérance n'avait d'égale que sa sagesse. Il parlait beaucoup de la morale et peu du dogme. A ceux qui voulaient sonder les mystères de la foi, il répondait avec douceur: — Je n'en sais pas plus que vous sur ces choses-là; je suis un homme borné, dont la raison trompeuse flotte comme la vôtre dans toutes sortes d'incertitudes. Je tâche seulement de voiler mes yeux pour mieux découvrir mon cœur. Faites le bien avec amour: on répare en aimant ce qui manque à la connaissance. » — Les privations, ordonnées par l'Eglise, n'avaient de mérite à ses yeux que si elles servaient à soulager ceux dont l'état habituel est de s'abstenir de tout par nécessité. — Jeûnez, avait-il coutume de dire aux riches: mais donnez aux malheureux le morceau de pain et de viande que vous retranchez sur votre ordinaire, par respect pour le commandement de l'Eglise. Le beau mérite de se refuser le superflu par dévotion, quand on refuse aux autres le nécessaire par dureté de cœur! A quoi bon se faire pauvre quelques fois l'an, si l'on n'enrichit les autres de sa pauvreté? » — Quand ses paroissiens lui demandaient en grâce de faire tomber la pluie, lui apportant pour cela de l'argent avec une mesure de blé, il refusait leur présent d'un air aimable, et cherchait à leur faire comprendre que l'Eternel ne dérange pas à chaque instant, selon notre bon plaisir, les lois immuables de la nature. — « Je prierai, cependant, ajoutait-il ; mais ne comptez pas beaucoup sur le pouvoir d'un homme mortel et pécheur comme moi. Dieu n'a remis à personne, je crois, les clés du ciel pour en ouvrir et en fermer, selon notre bon plaisir, les réservoirs d'eau, encore moins au plus indigne de ses serviteurs. »

La tolérance de ce curé de village ne se démentait qu'envers lui-même. Il était sévère pour ses moindres fautes, sous une apparence de liberté. Tout le temps que je le fréquentai, je le vis assidu à ses devoirs et aux moindres pratiques de son état. Sa seule distraction était d'ouvrir, entre les lectures de son bréviaire, quelques poètes anciens ou modernes, qu'il aimait jusques dans leurs écarts. Son goût conservait en littérature la même impartialité qu'il avait en morale et en religion. Le bon prêtre ne damnait personne, pas plus au nom d'Aristote qu'au nom des casuistes. Le voyant si raisonnable, je lui proposai mes doutes ; il les accueillit comme un homme préparé depuis longtemps à la controverse. Je ne trouvai pas chez lui cette opposition aux lumières du siècle, qui distingue trop souvent les membres du clergé français. Quoique attaché à la lettre, il regardait l'Évangile comme une semence que le Christ avait semée dans le champ de l'humanité et qui devait mûrir de génération en génération. Soumis aux oracles canoniques, par amour de l'unité, il croyait que l'Église reviendrait elle-même plus tard sur beaucoup de ses décisions. Enfin, je fus étonné de voir qu'il pensait sur le fond des choses comme nous pensons tous : l'abbé mettait seulement dans le choix des termes une convenance qui modérait la hardiesse de ses jugements. Le voyant si sensible, si compatissant aux doutes et aux misères des autres hommes, si mûr d'expérience, je me dis alors tout bas : Cet homme-là doit avoir aimé.

Mes soupçons ne tardèrent pas à être éclaircis. L'abbé annonçait une quarantaine d'années ; il avait les traits ouverts, le front haut et traversé de rides précoces. Sous le calme ordinaire de sa figure, on découvrait, en y regardant bien, la trace de passions anciennes que le temps et une vie nouvelle avaient domptées. Les lignes du visage conservent longtemps l'impression des troubles de l'âme. Après la tempête, quand le ciel a repris sa sérénité, on voit encore se balancer sur le rivage les dernières agitations des branches. L'abbé lisait souvent les Confessions de saint Augustin ; il semblait trouver à cette lecture un charme tout personnel, et, quand il avait fermé le volume, il paraissait se souvenir. Du reste il se trouvait heureux. Lui ayant montré un jour mon étonnement qu'un homme vraiment supérieur pût se contenter d'une petite cure, dans un pays de montagne, et d'une vie si uniforme, il me répondit en souriant : — « Pour qui aime les champs, les champs sont toujours nouveaux. J'ai beau voir tous les matins les mêmes arbres, les mêmes moissons, les mêmes ruisseaux, il me semble toujours ne les avoir pas vus de longtemps. Et puis, mon cœur a été si troublé dans ma jeunesse, que je goûte un grand charme à le reposer, en vieillissant, sur la nature. »

Nous convînmes pour le lendemain d'aller voir le soleil se lever entre des gorges de montagnes. L'abbé me fit entendre qu'il s'ouvrirait plus aisément sur ses malheurs, en présence d'un des plus magnifiques spectacles de l'univers. Nous partîmes au point du jour. Quand nous fûmes assis sur l'herbe, le bon curé me dit : N'attendez ni grands coups de théâtre, ni un intérêt bien sensible d'une vie comme la mienne; mais, si vous tenez à connaître l'histoire d'une conscience, écoutez-moi. Vous voyez dans celui qui vous parle un des plus grands pécheurs que l'Eglise ait réintégrés après leur chute. Ma conversion tient un peu du miracle, et quoique je ne sois pas absolument un esprit crédule, j'ai quelque peine à me rendre compte des événements extraordinaires qui m'ont ramené dans la bonne voie.

II

Il faut que je remonte très-haut dans ma vie et que je reprenne les choses du commencement; car, ce sont les premières traces qui marquent sur toute la suite. Je veux que vous assistiez à la formation de mon cœur. Mon enfance fut, comme celle de tous les hommes, mêlée d'amertume et de rêves confus. Ma famille, qui avait éprouvé des revers de fortune, me destina presque en naissant à l'état ecclésiastique. On m'éleva dans cette idée. Mon caractère, loin de résister aux vues de mes parents, leur prêtait un concours merveilleux. J'avais un fond de piété naturelle qui étonnait. Le vieux curé de la paroisse m'aimait pour mes cheveux blonds et pour mon air recueilli. Je passai de bonne heure par la main des prêtres, qui cultivèrent ces dispositions naissantes. On me comparait tout haut au jeune Samuel, à cause de ma sagesse, et je fus élevé comme lui à l'ombre du sanctuaire. Servir le prêtre à l'autel, tenir le livre ou le bougeoir, m'asseoir sur un petit banc dans le chœur, avec une aube flottante, tout cela me comblait de joie. Ces goûts puérils furent regardés comme des marques précieuses de vocation. Dès que j'eus atteint ma douzième année, je fus envoyé au petit séminaire de Paris. C'était un vieux bâtiment, situé dans la rue Saint-Victor, à côté de l'église de Saint-Nicolas-du-Chardonnet.

Le cercle de mes études classiques étant dépassé, j'entrai au grand séminaire de Saint-Sulpice. Je ne vous dirai pas les tristesses austères de cette vie en commun, qui a pourtant ses grandeurs monotones. La bande des graves et taciturnes sulpiciens m'enrôla dans toutes les pratiques d'une dévotion minutieuse. Je passai bientôt par la tonsure et par les ordres mineurs. De bonne foi avec mes supérieurs comme avec moi-même, je leur découvris ma conscience, qu'ils trouvèrent assez pure et assez ferme pour franchir le degré redoutable du sous-diaconat. Je fis mes vœux entre les mains de l'évêque, et promis de garder une chasteté éternelle. Savais-je alors ce que je promettais ? Dieu m'est témoin que je n'avais jamais regardé le visage d'une femme, et que la beauté visible des créatures était ensevelie pour moi dans le linceul du Crucifié.

Un événement mémorable traversa mon avant-dernière année de théologie. On touchait aux vacances de 1830, et les choses, réglées jour par jour, heure par heure, suivaient dans l'établissement leur cours immuable, quand le bruit des tambours, des tocsins et des coups de fusils, vint troubler le silence de nos exercices. On ne comprit d'abord rien à l'émotion de la ville. Huit ou dix jours auparavant, nous avions assisté, en dalmatique et en surplis, à un *Te Deum* solennel, qui avait été chanté à Notre-Dame, pour la prise d'Alger. Nous avions vu Charles X avec toute sa Cour. Le roi avait été reçu, à la porte de l'église, par l'archevêque, qui lui avait donné l'encens et qui, dans une courte harangue, lui avait promis de nouvelles victoires sur de nouveaux ennemis. La voix de Monseigneur pour nous était la voix de Dieu. L'éclat de cette fête, les vieux murs de la cathédrale couverts de drapeaux glorieusement troués, les habits rouges des Cent-Suisses froissés par les chapes d'or, la pointe des cierges allumés qui se mêlait à celle des baïonnettes étincelantes, le peuple qui inondait le parvis, les vivat et les chants d'église, tout cela avait une grandeur imposante et calme, qui ressemblait pour nous à l'éternité. Notre éducation toute royaliste confirmait cette erreur : la branche aînée des Bourbons régnait par la grâce de Dieu, et nous n'imaginions pas que les portes de l'enfer, ni celles de Paris, dussent jamais prévaloir contre eux.

Sous la Restauration, le souci des chefs de l'Église fut constamment d'enter l'autorité de la foi sur celle du gouvernement monarchique. Cette intention n'était nulle part si fortement prononcée que dans le séminaire de Saint-Sulpice. Nous savions, pour l'avoir ouï dire, que le roi avait rendu des ordonnances contre la liberté de la presse. Loin de lui en vouloir pour une telle vétille, les chefs de la maison approuvaient fort cette pieuse entreprise. La liberté de la presse était à leurs yeux une hydre dévorante, qu'on ne pouvait trop charger de liens et de fortes chaînes. On s'attendait que ce coup d'État ne rencontrerait dans la ville de Paris presque aucune résistance. Cependant le bruit extérieur croissait de moment en moment. On commença de craindre et de pâlir. Cette frayeur sourde était encore augmentée par l'ignorance des événements. Quelques mères venaient réclamer leur fils au parloir. On entendait, à temps égaux, les détonations de la fusillade, auxquelles répondait un feu continuel et mal nourri. Au milieu de tout cela, notre horloge, impassible comme la règle du séminaire, laissait tomber les heures. Ces heures semblaient des siècles, mesurées qu'elles étaient par notre inquiétude. A chaque instant des nouvelles alarmantes se glissaient, malgré le silence de la maison, et survenaient du dehors à nos oreilles. Enfin, on apprit que l'archevêché était saccagé. La terreur fut au comble. On ne songea plus alors qu'à s'enfuir du séminaire, que notre sombre imagination se représentait à chaque minute comme assiégé. Chacun prit un déguisement, coupa ses cheveux longs, masqua sa tonsure. Avant la nuit du second jour la maison était à peu près déserte. Dieu avait frappé le pasteur, et le reste du troupeau était dispersé.

Le clergé vit la Révolution de 1830 à travers le fantôme qu'il s'est fait de 93. Ceci explique ses frayeurs du premier moment et ses défiances prolongées. Pour moi, cet événement ébranla toutes mes idées. On m'avait si bien accoutumé à mêler l'ordre politique avec l'ordre religieux, que je croyais tout cela maintenu par un bras invisible et supérieur, qui ne laisserait jamais rien tomber, malgré les efforts des hommes. La chute était pourtant profonde et impossible à nier. Ce fut un grand vide et une ruine dans mes croyances. La Révolution de 1830 relâcha les liens qui attachaient mon intelligence au pied de la croix. Si loin que je fusse de la société, à cause de la solitude morale qui m'entourait, je reçus le contre-coup des événements politiques. Au bruit des premières décharges, ma raison bouleversée regarda dans le monde par dessus les murs du séminaire. Il y avait donc quelque chose d'inconnu pour moi qu'on nommait la liberté. Cette chose devait être grande puisqu'on mourait pour elle.

J'étais sorti comme les autres élèves du séminaire, en habits laïcs. Quoique je visse alors le mouvement de Paris avec des yeux prévenus, il m'était impossible de n'y pas reconnaître, malgré tout, une poésie enivrante : ces pavés remués par la colère du peuple, qui se soulevaient peu à peu dans toute la ville, comme des flots à l'heure de la marée, ces bras nus qui passaient le canon du fusil au-dessus des barricades, ces bouches noires de poudre, qui juraient et priaient à la fois sur les morts, tout cela était pour moi un spectacle nouveau. Malgré mon éducation sacerdotale et monarchique, j'avais gardé dans mes veines quelques gouttes de sang plébéïen. Mon grand-père, vieux montagnard, assistait sur la place de la Révolution, le jour où la tête de Louis XVI était tombée. Je ne sais ce qui se passait alors en moi : le soleil caniculaire des trois jours me donnait des éblouissements; d'étranges idées me montaient au cerveau, avec la fumée de la poudre. Les révolutions appellent bientôt à elles toutes les souffrances. Il me sembla sur le champ avoir un intérêt personnel dans cette lutte : moi aussi j'étais opprimé; moi aussi j'avais subi depuis mon enfance ce silence violent qu'on voulait imposer à la nation, et contre lequel la nation se soulevait! Je courais les rues comme un fou. Un jeune homme qui défendait une barricade, construite avec des tas de pavés et des débris de tonneaux, tomba à côté de moi, frappé d'une balle à la tête. Son cerveau vola à huit ou dix pas de distance et s'aplatit sur l'angle d'un mur. A ce moment, une fureur extraordinaire s'empara de moi; l'audace de ce grand peuple emplissait mon âme d'une audace inconnue. Je ramassai à terre le fusil encore tiède de ce malheureux, et, dans un éclair d'égarement, je fais feu sur les Suisses. Ce premier mouvement m'entraîne : je recharge aussitôt mon arme avec des cartouches que je prenais une à une dans la giberne du mort. En moins d'un quart d'heure, j'étais un des plus acharnés et des plus intrépides à la lutte. Une décharge de la troupe m'abattit. Je fus conduit sans connaissance à l'hôpital, où je rouvris les yeux.

Cette aventure m'étonna si fort moi-même, que je crus sortir d'un songe. Je fus quelques jours à me remettre; car j'avais perdu beaucoup de sang. Mon nom et mon état restèrent un secret pour les internes qui me soignaient. Mes supérieurs eux-mêmes n'ont jamais rien su d'un tel emportement. A quoi tiennent, mon Dieu, nos destinées? L'orage avait brisé les carreaux et les verroux de ma prison; il ne tenait qu'à moi de profiter des événements pour rompre les fers de mon esprit : je ne le fis pas. Après un mouvement soudain et inexplicable, je retombai sous la captivité du séminaire. C'est, qu'outre mon vœu, j'avais dans le cœur une chaîne plus forte que toutes les influences du dehors, une chaîne dont l'éducation avait soudé les anneaux, et qui me ramenait fatalement à la pierre de l'autel, pour m'y attacher toute la vie.

J'étais sous-diacre : le grand pas était fait. Quelques mois après la Révolution de 1830, j'en fis un second, celui du diaconat, qui m'avança encore dans le sanctuaire. Je touchais maintenant à la prêtrise. L'Ordre du diaconat était une dalle de plus, scellée sur le tombeau de mon cœur : rien de tout cela ne me troublait. Dans ma confiance à la grâce, je croyais mes passions éteintes : — hélas ! mon Dieu, elles n'étaient pas encore éveillées !

III

Mon ordination à la prêtrise fut retardée de quelques mois par des raisons de famille. L'année scolaire de 1831 venait de finir. On envoie assez volontiers, durant les vacances, quelques jeunes gens du séminaire dans les familles riches et aristocratiques; leur charge est de servir d'instituteur au fils de la maison. Le hasard m'adressa par mégarde à Pont-Chartrain, dans le château du marquis d'Angervilliers. M. le marquis était veuf, il avait un fils et une fille. Il fut convenu en entrant que mes leçons s'étendraient à tous les deux. La gouvernante, vieille fille sèche et dévote, devait faire, pendant ce temps-là, un voyage dans son pays. Albert, le fils du marquis d'Angervilliers, était un garçon de douze ans, pâle et délicat, qui ne pouvait souffrir la discipline des colléges. Il avait tout l'emportement de la faiblesse avec toute l'étourderie de son âge. Monsieur était élevé à faire ses quatre volontés ; le fond du caractère n'était pas mauvais ; il manquait seulement de gouvernail. On comptait sur moi pour régler cette frêle et indocile nature. Elisa, la fille du marquis, avait trois ans de plus que son frère ; c'était une fraîche et rose figure avec des cheveux bouclés. Elle était à la fois rieuse comme une enfant et pensive comme une fée. Je crus déjà avoir vu cette jolie tête-là parmi les anges, dans un tableau qui est à l'entrée d'une chapelle de Saint-Sulpice.

Habitué à me lever, à me coucher au son de la cloche, et à obéir en tout comme un enfant, je trouvai l'air de la liberté rempli d'une douceur insidieuse. La nonchalance de cette vie de château troublait le repos de mon cœur. Mes élèves étaient charmants : Albert m'aima dès les premiers jours, et la sœur ne voulut pas être devancée. Mlle d'Angervilliers manquait de la garde naturelle qui veille autour de la vertu des jeunes personnes : elle n'avait plus de mère. Son père était un brave gentilhomme qui croyait en Dieu et en ses enfants. Il passait des journées entières dans sa chambre, où il était retenu par des infirmités de vieillesse. Le marquis était un ancien émigré qui avait servi dans l'armée de Condé. La récente commotion qui venait de donner à la France un roi et un gouvernement nouveaux, l'avait frappé au cœur d'un coup terrible. N'ayant plus d'autre jeunesse ni d'autre éclat à prétendre dans le monde que celui de sa fille, il se reposait entièrement sur moi du soin de l'instruire. Maintes fois il me recommanda d'orner son âme de richesses solides. Le marquis était un peu du temps des femmes savantes ; il aimait le bel esprit et parlait lui-même avec agrément.

La liberté dont nous jouissions tous au château était entière : nulle gêne, nulle surveillance ; le maître de la maison m'honorait, à cause de ma personne et surtout à cause de mon caractère, d'une confiance sans réserve. L'abbé (c'était le nom qu'il me donnait) avait toujours raison quoiqu'il fît. — La mémoire des justes est une douce rosée, dit la Bible : je ne puis renouveler celle du marquis sans attendrissement.

L'habitude qu'avait le marquis de recevoir des ecclésiastiques au château avait familiarisé depuis longtemps Mlle d'Angervilliers avec les robes noires. Cette soutane, sur laquelle je comptais pour éloigner de nous les folles idées, les attira par la confiance et la liberté qu'elle mit dans notre commerce. Elisa était plus à l'aise avec moi qu'avec un autre maître : je n'étais pas un homme, j'étais un diacre. Nous nous promenions elle et son frère sous les vieux arbres du château. C'était un grand parc avec de l'eau pour bordure ; cette eau courante s'amassait vers le milieu du parc en un clair vivier où nageait du poisson. Deux cygnes, le Jupiter et la Léda de ce bassin rustique, gonflaient leurs ailes parmi des roseaux, des joncs et des iris. Quelques nénuphars surmontaient de leurs larges feuilles la surface de l'eau. Le milieu de l'étang formait un miroir uni dans lequel on voyait les peupliers du bord se réfléchir avec grâce. Il y avait une petite grotte bâtie en rocailles dans laquelle je me retirais, durant les chaudes heures du jour, pour donner mes leçons. Un bateau était fixé au tronc d'un arbre par une chaîne ; nous le détachions tous les soirs et nous fendions notre petit lac en ramant. Le sentiment agrandit les lieux : ce parc, cette pièce d'eau me semblaient l'infini ; je ne supposais rien au-delà ; le monde me semblait devoir finir où s'arrêtait mon cœur.

Elisa mordait avec ardeur au fruit de la science. L'élève enseignait souvent le professeur, et lui révélait beaucoup plus de choses qu'il n'en savait lui-même : nous apprenons ; les femmes devinent. Son âme avait les mêmes grâces délicates que sa figure. Sa toilette était simple, une robe blanche, une guimpe, un chapeau de paille à grands bords, avec un nœud de rubans sous le menton. Il me semblait que la nature était, pour ainsi dire, sa femme de chambre : le soleil lui mettait dans les cheveux des rayons d'or, les branches d'arbres secouaient des ombres agréables sur sa blancheur, les fleurs qui papillonnaient entre les herbes jetaient des parfums sur ses petits pieds ; tout ce qui existe, en un mot, ne valait à mes yeux la peine de vivre que pour elle ; tout, selon moi, s'occupait à la parer. Le matin, nous lisions ensemble, avec plus de complaisance qu'il n'eût fallu, ces versets de Salomon : « Viens, ma belle bien aimée, déjà la voix de la tourterelle a été entendue dans nos bois... » Et les oiseaux répondaient à notre lecture par un chant passionné. Elisa n'était encore qu'une adolescente, pourtant il était impossible de ne pas se dire que ces membres délicats prendraient bientôt plus de consistance, — que ces fruits acerbes devaient mûrir, et alors !... Mais j'éloignais avec horreur de telles idées. Si l'amour se fût présenté à moi sous des formes grossières, charnelles, je l'eus certainement repoussé. Jamais sentiment ne prit, au contraire, pour s'insinuer dans une âme timorée, des apparences plus honnêtes et plus délicates. Le moyen de beaucoup se tenir en garde contre une petite fille aux yeux bleus, qui frappe du bout du doigt à la porte de votre cœur fermé au monde, en vous donnant les noms gracieux de frère et d'ami ? Quelle Armide redoutable, en vérité, qu'une écolière de seize ans ! et comment prévoir la griffe de Satan sous une telle main ? Il y a quelque chose de plus redoutable pour un cœur novice que les séductions du mal, ce sont les attraits de la vertu. J'aurais éloigné les attaques d'une courtisane ; je ne sus pas me défendre contre une enfant.

Je vois encore le grand arbre sous lequel nous avions habitude de nous réunir pour le goûter. Mlle d'Angervilliers apportait elle-même, dans un panier de jonc, les cerises et les fraises qu'elle avait cueillis ; ses jolies mains leur donnaient un parfum que je n'ai plus retrouvé aux autres fruits. Nous étions assis sur l'herbe, Elisa, son frère et moi ; quels moments ! J'éprouve, à renouveler toutes ces choses par le souvenir, un charme qui n'est peut-être pas très-innocent. Hélas ! je ressemble à un mort qui soulèverait de temps en temps la pierre de son tombeau pour revoir encore du coin de l'œil les lieux enchantés où il a laissé la trace de son cœur. Ce qu'il y a de plus extraordinaire, c'est que je n'avais aucun remords : ma robe noire n'effarouchait pas dans nos âmes des sentiments qui se croyaient purs. Je continuais à remplir avec zèle mes devoirs de dévotion : seulement, quand dans mes prières je récitais un nom de sainte, la vision d'Elisa se montrait aussitôt à moi avec des cheveux blonds et des mains jointes. Elevé jusqu'alors dans l'enclos du séminaire, accoutumé que j'étais à borner mon horizon aux murs de la cour et aux grands arbres du jardin d'Issy, je n'avais pas rencontré l'occasion de m'éprouver. Mon cœur avait longtemps fait le mort ; serpent engourdi par le froid, il commençait maintenant à remuer sous le rayon printanier d'une jeune fille. J'entendais venir Elisa au frôlement de sa robe, à la légèreté de ses pas ; plus tard j'avais un sens intérieur qui me disait : la voici ! Oh ! les charmants ébats, les graves enfantillages! Nous courions dans le parc avec des filets de soie, pour prendre des insectes aîlés. Elisa poussait çà et là des petits cris de joie, de surprise ou de frayeur; elle n'osait toucher, la peureuse! avec ses mains blanches, aux monstres qui étaient tombés sous sa puissance. Je venais à son aide, et me prenais moi-même, sans le savoir, dans ces mêmes filets, d'où je dégageais les captifs. — C'était de l'amour, moins le mot, qui ne fut pas une seule fois prononcé entre nous. Ainsi, dans les commencements, la conscience cherche à ruser avec elle-même; elle s'effraie moins des choses que de leur ombre et de leur fantôme. L'amour se déguisait, dans nos entretiens, sous le nom de charité. Une fois pourtant Elisa me dit: « Quand vous serez prêtre, je ne me confesserai jamais à vous. » — Je lui en demandai la raison, qu'elle refusa de me découvrir. Comme j'insistais, — « c'est, répondit-elle en rougissant, qu'on doit tout dire à son confesseur. — Vous avez donc des secrets pour moi? — Un seul. » Je me sentis frémir et trembler; ce secret, Elisa venait de me le dire dans un regard.

J'avais aimé Dieu avant la femme: tout en changeant d'objet, mes sentiments conservèrent leur grandeur et leur pureté. Je transportai à ma nouvelle passion quelque chose de l'infini; mon amour était encore une religion. Que parlai-je d'ailleurs de changement? Non, je mêlai Dieu à la femme sans m'apercevoir moi-même de l'impiété de cette alliance. J'y trouvai, bien au contraire, une douceur austère et comme un avant-goût des délices du paradis. Il y a dans le commerce de deux ames saintes quelque chose de si délicatement voluptueux qu'on s'enivre à longs traits du charme d'être ensemble, sans se douter un seul instant que ce charme soit coupable. Oh! si les libertins connaissaient cet amour, je suis assuré qu'ils n'en voudraient jamais d'autre! Dans nos leçons nous avions surtout beaucoup appris par cœur. Sentir les cheveux blonds d'Elisa passer dans l'air frémissant, écrire son nom sur l'eau avec la pointe d'un jonc, — autant en emportait le vent; — rêver sans savoir à quoi, tenir un livre ouvert entre les mains toujours à la même page, — c'est à cela que se passa le beau temps de mes vacances.

L'amour de la femme développe chez l'homme le sentiment de la nature. Au séminaire j'avais les yeux moralement fermés. Je me défiais du monde extérieur comme d'un serpent aux insinuations perfides qui cherchait à m'éblouir de ses regards et à me faire cueillir le fruit de la science. Peu à peu cette réserve cessa. Je prêtais par instants mes yeux, mes oreilles, mon cœur à la nature, avec crainte, il est vrai, et avec une sorte de remords, comme à une enchanteresse qui devait me détourner de la vérité. J'hésitais, et pourtant, combien était douce l'influence de ces beautés sensibles! Quel était mon étonnement de n'entendre autour de moi que des voix pleines de Dieu! Les oiseaux perdus dans les branches me semblaient accompagner la lecture de mon bréviaire. Toute cette verte campagne élevait mon ame vers une piété inconnue qui n'avait pas encore de nom sur mes lèvres, mais qui avait déjà un écho dans mon cœur. Je sentis de jour en jour se rompre les formes étroites dans lesquelles on m'avait habitué à contenir le sentiment religieux. — « Est-ce donc, m'écriai-je, par une enceinte de murs qu'on est chrétien? » — Le temple s'élargissait; ma prière, enfermée jusques-là dans les voûtes d'une église, s'élevait en liberté vers l'auteur de tous les êtres. Ce mouvement fut suivi d'une grande inquiétude. On ne saurait définir la tristesse qu'on éprouve, quand, élevé depuis l'enfance dans une foi aveugle, on vient à cueillir pour la première fois le fruit amer de la science. J'étais si fait à l'obéissance et à la discipline, que je trouvai dans cet essai de liberté humaine une jouissance mêlée de trouble. Je m'arrêtai tout confus ; si une voix m'eût appelé dans ce moment-là par mon nom, comme Adam dans le paradis terrestre, je me serais caché. Cette ouverture des yeux de l'ame a quelque chose de pénible : au rayon perçant de la connaissance succède comme une réaction d'ombre. Je crus voir le soleil s'obscurcir ; cette nature si riante tout à l'heure avait pris pour moi une figure sévère. La beauté matérielle, dont je ne pouvais plus détacher mes yeux soumis et fascinés, semblait me dire : — « C'est ta faute; pourquoi m'as-tu regardée? » — J'avais osé penser; j'avais osé connaître. Triste, je rentrais au château, quand j'aperçus Elisa qui venait à ma rencontre avec les cheveux bouclés sur le cou. Jamais Eve ne fut plus délicate ni plus blonde. Il me sembla voir personnifié en elle ce monde de beautés extérieures que je venais d'admirer malgré moi. — « Allons, Monsieur l'abbé, dit-elle en me poussant par le bras, avec une grâce qui me faisait bien du mal, voici la troisième fois qu'on sonne le souper : n'avez-vous donc aujourd'hui, contre votre habitude, ni oreilles, ni appétit? » — Je la suivis en silence.

Il y avait une bibliothèque au château. Quoique le marquis fût un saint homme, il avait le goût des reliures : plus d'un livre équivoque s'était glissé sur ses rayons à la faveur du marroquin. J'avais depuis longtemps perdu le goût des auteurs profanes. Je croyais, avec mes maîtres de Saint-Sulpice, que les ornements littéraires sont trop souvent chez les poètes des ajustements immodestes de l'esprit. Je me défiais surtout de ces lectures modernes, où la religion n'est qu'un voile, et où Jésus-Christ est tellement défiguré qu'il ne se reconnaîtrait plus lui-même. Au milieu de la vie oisive que nous menions à la campagne, j'ouvris par mégarde ou par distraction quelques ouvrages philosophiques. Ces lectures firent sur mon esprit une impression dont je ne m'aperçus pas tout d'abord : j'avais laissé ma raison sous le drap noir qui avait couvert mon sacrifice ; quand les arguments d'Helvétius ou de Condillac serraient de trop près les dogmes de l'Eglise, la foi épouvantée se réfugiait chez moi derrière cette parole qui couvre tout : *Credo quia absurdum.* — Et puis, le livre auquel je revenais toujours et qui me faisait oublier tous les autres, c'était Eliza. Il y avait tant à apprendre, pour un novice comme moi, dans une âme et un cœur de femme, que j'y perdais des journées entières : — était-ce vraiment des journées perdues? Mlle d'Angervilliers avait toutes les qualités et les défauts qui rendent aimable. Un peu plus, elle eût été trop parfaite; un peu moins, elle eût laissé trop à redire. Son caractère était à la fois, comme sa figure, d'une douceur infinie et d'une vivacité surprenante. On découvrait en elle tous les contrastes, la grâce du cygne avec des réveils de lionne.

Je vécus ainsi pendant deux mois; le séminaire était effacé ; j'étais bien loin de moi même, et encore plus loin du prêtre dont je portais déjà les insignes. Le jour de la séparation arriva. Ce fut pour nous une grande surprise et une mortelle douleur. L'homme veut faire une éternité à la place de celle de Dieu et s'y transporte tout entier avec ses inclinations : voilà pourquoi les amoureux ont continuellement à la bouche et dans le cœur le mot *toujours*. Cette éternité allait finir, et nous en étions inconsolables. Le marquis, brave homme peu clairvoyant, me fit promettre de revenir aux prochaines vacances. Un rayon de joie triste brilla dans les yeux d'Elisa. — Eh bien ! l'abbé, ajouta-t-il, n'embrassez-vous pas vos élèves en les quittant ? — Je serrai Albert entre mes bras et lui donnai avec feu un baiser qui était peut-être destiné à sa sœur. Mlle d'Angervilliers rougit subitement et son trouble porta dans mon cœur une émotion que j'avais peine à contenir. Nous ne pûmes murmurer qu'un adieu à voix basse et la voiture partit. Je suffoquais ; une dernière fois je regardai le château ; il me sembla voir alors Mlle d'Angervilliers qui me faisait un dernier signe avec la main. Oh ! comme dans ce moment-là j'aurais voulu pouvoir l'enlever ! Je l'emportai en effet dans mon cœur, et je rentrai, pour ainsi dire, avec elle au séminaire.

IV

Jamais rentrée ne fut si triste. Monté dans ma cellule, j'appuyai mes coudes au marbre de la cheminée et versai de grosses larmes. Dans le court espace des vacances, j'avais repris l'usage de ma volonté, que j'avais autrefois abandonnée; cette volonté reconquise combattait à outrance pour ne pas être réduite de nouveau en servitude. Un grand changement s'était fait en moi : je trouvai, dans les premiers jours, ma chambre bien petite, ma soutane bien noire, la vie du séminaire bien ennuyeuse. Mes supérieurs avaient un don de lire dans les âmes qui m'inquiétait; j'évitais leurs regards et leur présence. Je ne travaillais plus; j'étais dans cet état de maladie vague qui fait que l'âme devient *la pâture des vents*. Combien de fois, sombre et discret, ai-je regardé sans être vu sur la place Saint-Sulpice, où de folles jeunes filles allaient, au bras de jeunes étudiants, cueillir, dans le jardin du Luxembourg, un dernier rayon de soleil. Pour chasser ces vaines images, j'ouvrais mon bréviaire; les doigts roses d'Elisa venaient alors se poser sur les pages noires du livre, et les brouillaient si bien que je ne savais plus m'y retrouver. Je la voyais partout. L'absence, loin d'apporter un remède à la maladie de mon cœur, l'aggrava singulièrement : j'étais une de ces natures rêveuses pour lesquelles une idée est bien plus dangereuse qu'une personne. De près, Elisa n'était pour moi qu'une enfant; de loin, c'était une femme.

Les jours de promenade n'adoucissaient pas mon chagrin. L'hiver n'avait pas encore défiguré toute la nature : mais tout avait changé de face à mes yeux. Le soleil du jardin d'Issy me semblait bien sombre. O parc d'Angervilliers, où étiez-vous? Je n'étais plus touché ni de l'ombre ni de la fraîcheur des bois. Livres que j'avais lus près d'elle avec tant de charmes, comme je vous trouvais fades et ennuyeux! Les vers n'avaient plus de poésie, les bouquets plus d'odeurs. Les oiseaux chantaient faux. La campagne, que j'avais vue avec Elisa et qui m'avait semblé si belle, le ciel, l'eau, la verdure, tout cela maintenant m'était à dégoût, parce que je ne l'y voyais plus elle-même. Il me semblait que mon âme était restée à Pont-Chartrain. Dans cet état d'abattement et de tiédeur, je ne pouvais plus même soulever ma prière jusqu'à Dieu. La vérité n'était plus, pour moi, qu'un soleil obscurci. Diacre, je commençai à sentir le poids de mes chaînes. Il me sembla avoir rêvé; oui, je crus sortir d'un sommeil léthargique, durant lequel on avait fait sur mon corps muet et insensible une lugubre cérémonie. Ma tête s'y perdait. J'étais comme un enfant qui s'éblouit lui-même dans la confusion de ses sentiments et de ses idées. Au milieu de ces ombres chimériques, les objets réels reprirent sur mes sens tout leur empire. Je me dis que pourtant la vie était belle; qu'il y avait çà et là dans le monde des abris de chaume ou de feuillages où l'on devait être heureux à deux; que Dieu, qui ne refuse à personne le ciel et l'eau, ne pouvait non plus refuser l'amour.

Mon esprit, effarouché naguère à la seule idée d'une femme, raisonnait hardiment à cette heure sur le mariage, qui avait été permis aux diacres et aux prêtres, durant les premiers siècles de l'Église. Le sacerdoce dépérit faute de lumières. Le moyen d'arrêter cette décadence ne serait-il pas de donner plus de liberté à la nature? Je me demandai pourquoi l'Église ne recevrait pas comme anciennement deux classes de prêtres : les uns, ayant une femme et une famille, seraient les ministres de la parole; les autres, voués au célibat, feraient le service de la paroisse et du confessionnal. Et puis, voyant le chimérique de mes projets de réforme, je maudissais presque la main de mes supérieurs qui m'avaient poussé vers l'autel. — « Pourquoi, m'écriai-je, ne m'avez-vous pas arraché mon cœur, vous qui me défendez de m'en servir? »

Au milieu de toutes ces secousses, je me réveillais effrayé dans mon drap noir, comme un homme enterré vivant. Mon cœur malade ne tarda pas à troubler le repos de mon esprit. Peu à peu, j'examinai tout ce que j'avais cru aveuglément jusques-là. Mes inclinations de nature, mal tuées par le jeûne et les austérités chrétiennes, remuèrent sous la cendre; mes doutes revinrent. L'amour divin a comme l'autre amour un bandeau sur les yeux; quand une fois ce bandeau vient à se déchirer, il se fait dans l'âme un jour sinistre. Je vis le monde, je me vis moi-même à cette nouvelle lumière orageuse, et je fus effrayé de l'ébranlement de mes croyances. La religion est une chaîne de vérités, dès qu'un anneau est rongé tous les autres se détachent, et la chaîne entière glisse entre nos mains, qui ne cherchent plus même à la retenir. Les idées de liberté fermentaient dans ma tête. Les *Paroles d'un Croyant* venaient de paraître; ce livre acheva de me troubler. Je lus les philosophes modernes et ceux du dernier siècle. Cette lecture mettait des doutes dans mon esprit; elle n'y mettait pas de croyances nouvelles. J'échangeais mon or pour du plomb. Voyant que les systèmes philosophiques menaçaient de me faire perdre la foi, je prenais goût à mon ignorance, je tachais, comme dit saint Augustin, de me réfugier dans mon ombre. Hélas! il était trop tard : la lumière morale est douloureuse à l'œil de l'esprit; mais on l'aime parcequ'elle est la lumière. Voltaire surtout m'attirait : j'étais fasciné comme l'oiseau par le regard fixe de cette raison froide et souveraine qui m'apparaissait pour la première fois : « — O serpent, m'écriai-je, retire-toi! » Et, dans mon ardeur de savoir, j'aurais été malheureux que le serpent s'éloignât. Ce que je souffris alors ne peut se décrire. J'étais tiré par le monde et par Dieu; ces deux forces contraires mettaient mon cœur en pièces. il n'y a pas de maladie si violente que l'incertitude. Les Ecritures me plaisaient par leur obscurité même, qui répondait à l'état de mon âme : mais je n'y vis plus alors que des sentences qui se contredisent. J'espérais que l'étude plus approfondie de la science théologique résoudrait mes difficultés et mes doutes : les professeurs du séminaire passaient des semaines entières à refuter le manichéisme, l'arianisme, le pélagianisme, et mille autres doctrines aussi oubliées; « ces morts, me disais-je alors, ont pour toute occupation d'ensevelir des morts.»

Ne trouvant rien nulle part qui calmât l'inquiétude de ma raison, je demandais pour lors à Dieu de m'éclairer, et Dieu, justement irrité de mon inconstance, ne me montrait, comme dit la Bible, que sa face de ténèbres.

Je m'écriais dans mon trouble et dans mon égarement :

« Pourquoi as-tu voulu, Seigneur, que je vinsse à la connaissance du bien et du mal? O vérité amère, que t'avais-je fait pour présenter à mes lèvres ton fruit séducteur? N'étais-je pas plus heureux dans mon ignorance soumise?» — Jean-Jacques, Voltaire, Diderot, comme je vous en voulais de m'avoir pris mes croyances et mes illusions! — Il me revenait souvent à la mémoire un passage des saintes lettres, où Laban s'étant aperçu que Jacob lui avait dérobé ses idoles, court après lui jour et nuit, l'atteint et s'écrie : *Cur furatus es Deos meos!* — J'étais comme Laban; on m'avait pris mes superstitions, si l'on veut, mes pratiques, mes images, et je courais aussi, en criant aux philosophes du dernier siècle : Pourquoi m'avez-vous volé mon Dieu? Vous m'auriez pris tout le reste que cela m'aurait été bien égal, mais le larcin de la foi, mais l'enlèvement de ce qu'il y a de plus sacré dans le cœur de l'homme, voilà ce que je ne vous pardonnerai jamais. Soyez maudits, vous qui avez ébranlé la pierre de l'autel sur laquelle je posais mes genoux! Soyez maudits, vous qui avez déchiré pour moi le voile du temple et qui m'avez fait voir le sanctuaire vide! Soyez maudits, vous qui avez déraciné la croix dans un orage et qui n'avez rien mis à sa place! — Je les maudissais dans mon délire et pourtant je les lisais. Leur lumière était blessante, car elle me montrait mes ténèbres, et je n'avais pas le courage d'en détacher mes yeux. J'étais malade de curiosité; j'en voulais à ces esprits forts qui m'avaient révélé toute ma faiblesse : j'aurais brûlé leurs ouvrages avec une joie vengeresse; mais je sentais qu'il n'était plus temps et que je portais leur fatal scepticisme dans mon âme. Ce doute était le premier rayon d'une nouvelle foi, d'une vérité nouvelle.

Plus ma raison se détachait des dogmes sévères du catholicisme, et plus je me réfugiais à l'ombre du temple; j'embrassais en quelque sorte un des piliers de l'édifice ébranlé, et j'aurais voulu mourir écrasé sous les ruines. J'avais une âme naturellement poétique et amoureuse du merveilleux. Quelle séduction n'exerçait pas sur mon cœur, et jusques sur mes sens, la majesté des cérémonies de l'Eglise! Le sentiment dominait encore par instants la raison; je croyais en quelque sorte malgré moi, par attrait, des choses surnaturelles et incroyables. Le mystère m'attirait : j'aimais le voile du temple; j'aimais à sentir des ténèbres entre mon âme et Dieu. La pompe des autels chargés de candélabres, la magie monotone et prolongée des chants religieux, le son mélancolique des cloches, tout cela avait pour moi des charmes pénétrants. Mon enfance, si pure, si douce, si croyante, mêlait à cet enchantement des pompes catholiques la grâce amère des souvenirs. Cette poésie envahissante qui me gagnait de jour en jour aux solennités du culte, me faisait regretter d'autant plus le saint assoupissement de la foi. Quand le vieux célébrant se tournait du côté des fidèles pour souhaiter la paix, je sentais presque mon cœur et ma tête se calmer. On ne sait pas encore jusqu'où va le pouvoir de cette fascination lithurgique; on ignore comme l'esprit se laisse prendre à cette mise en scène des vérités éternelles! La forme même des ornements me plaisait par l'ancienneté; j'aimais la chasuble blanche, écartelée d'une croix d'or; la dalmatique des diacres m'agréait pour sa coupe simple et sévère. Il n'y avait pas jusqu'aux reliques, faibles os, germes de mort qui mûrissent pour la résurrection, dont je ne baisasse avec respect les fragments mutilés. Je signais mon front d'eau bénite et de cendre : cette cendre, j'aurais voulu m'en couvrir comme d'un vêtement. Je pensais encore un peu avec mon cœur, et le cœur trouve tout autour de lui, dans le catholicisme, d'attendrissantes beautés qui l'attirent. Ici, tout est mystère, mais tout est simple. L'Eglise a enveloppé les idées les plus redoutables dans des signes qui nous sont familiers. Dieu s'est fait pain et vin pour mieux entrer en nous sous les formes de la nourriture. Les services et les prières pour les morts, autant de cérémonies empreintes d'une tristesse consolante, allaient bien à l'état de mon âme.

Je me souviens surtout de mes impressions à l'un des saluts de Saint-Sulpice. Quelques lumières perdues çà et là éclairaient les ténèbres et la solitude de l'église. Les prêtres et les choristes entonnaient des versets appropriés à l'office de l'Avent. Nous avions quitté nos habits d'été pour prendre le vêtement d'hiver, je veux dire le camail et le surplis. Les quatre semaines qui précèdent la fête de Noël figurent les quatre mille ans qui ont précédé dans le monde la naissance du Messie. L'Eglise met alors dans la bouche de ses officiants des paroles de désir et d'attente. De tels chants expriment une joie qui n'a rien de frivole, une douleur qui n'a rien d'amer. Cette nuit des temps, que blanchit une aube croissante, représente bien ces ténèbres de l'humanité qui cherche, et pour laquelle doit se lever plus tard une vérité nouvelle. Je n'ai jamais entendu, pour mon compte, de tels accents prophétiques de souffrance et de prière, sans me sentir des larmes dans les yeux. Je trouvais une sorte de rapprochement vague entre les tristes siècles d'enfantement, qui ont précédé la venue du Christianisme, et les jours mélancoliques où nous sommes. L'humanité, me disais-je alors, aspire de nouveau; elle se croit, comme dans les temps anciens, en mal de Dieu. Moi-même ne sentais-je pas dans mon cœur une soif de vérité que les anciennes sources ne pouvaient plus satisfaire? Je priais le Seigneur avec angoisse d'abréger les jours de l'épreuve; une voix plus forte que celle du choriste, criait en ce moment-là dans mon âme : « *Mitte quem missurus es!* Envoie celui que tu dois envoyer! »

Longtemps captif du dogme, je l'étais maintenant de la poésie de l'Eglise, et mon esprit aimait cette dernière servitude. La fumée de mes rêves montait vers le ciel avec celle des encensoirs. Un tel état intermédiaire ne pouvait durer. J'étais déjà hors de l'église que je ne m'apercevais pas encore de ma défection : j'avais été poussé par un courant insensible du dogme au raisonnement, de la tradition à l'examen, de la foi au doute. Cette tonsure, cette soutane, tous ces liens extérieurs, qui me retenaient encore au clergé, étaient autant de liens morts qui pouvaient se rompre à la première secousse. Que de prêtres en sont là! Cette limite, à laquelle ils s'arrêtent, moi je devais la franchir. C'est que le cœur se mêla avec ses tourments dans la révolte de l'esprit. Ces deux tempêtes firent sombrer mon avenir. — J'avais écrit deux ou trois fois à Elisa sans recevoir de ses nouvelles. Ce silence irritait encore l'inquiétude de mes désirs : Mlle d'Angervilliers brillait à mes yeux du double charme de sa beauté et de son absence. Tous les biens de la terre ne se font sentir à nous que par la privation. Cette figure idéale s'embellissait de tous les soupirs que je poussais pour elle. Jamais femme ne fut aimée dans un palais, comme celle-ci le fut dans une étroite cellule de novice. Son image seule balançait Dieu dans mon âme. Cette folle passion me faisait horriblement souffrir; je priais, je jeûnais, je portais le cilice. Dans mon désespoir et ma solitude, j'appelais toutes les forces du ciel à mon secours : rien ne venait. Comme ces malheureux jetés vivants dans la fosse, qui, après avoir vainement appelé à leur aide, finissent par se déchirer eux-mêmes, je dévorais mon cœur.

Loin de reposer mes yeux, la vue de la campagne m'irritait par le contraste d'une joie ironique. Il y avait sous les arbres de gais oiseaux, qui s'aimaient sans commettre de péchés mortels. Je me dis, dans ma révolte insensée, qu'en allant contre la nature, le catholicisme allait contre Dieu.

Mes supérieurs semblaient connaître l'état de mon âme, tant ils m'épiaient d'un regard attristé. Il n'y avait pourtant rien à reprendre dans ma conduite régulière et taciturne J'étais exact aux exercices. L'orage et la lutte étaient en moi; je n'en laissais paraître que de rares éclairs sur ma face rigide. Les efforts que je faisais pour chasser de mon esprit cette vision de ténèbres ne servaient qu'à la rendre plus fixe et plus dominante. Je résolus enfin d'aller à mon directeur et de lui ouvrir les abymes de ma conscience. Malheureusement les hommes de Saint-Sulpice, si bons qu'ils soient, ne comprennent rien aux peines du cœur; ils n'ont jamais éprouvé rien de semblable, ces hommes n'ont point aimé. Mon directeur m'écouta pour la forme : quel fut mon étonnement de voir qu'il savait tout! Les supérieurs de la maison connaissaient, me dit-il, la cause de mon trouble et ils rougissaient pour moi. Il m'exhorta froidement à la prière et à la vigilance. — « Prenez garde, ajouta-t-il, de vous reprendre, après vous être abandonné vous même! Ne regardez pas votre cadavre, de peur que cette dépouille du vieil homme ne vous tente et que votre âme ne cherche à y rentrer; car il y a chez nous des instincts de concupiscence qui aiment la pourriture des vers. » — Il continua sur ce ton dogmatique pendant une demi-heure : les prêtres de Saint-Sulpice ne voient dans l'amour qu'une illusion de la chair et du démon. Comme les fêtes de Noël approchaient, il m'annonça qu'on différait à m'ordonner prêtre, jusqu'à ce que mon cœur fût guéri. Je me retirai sombre et abattu; j'étais venu chercher une main vivante pour appuyer la mienne et je n'avais rencontré qu'une main de bois.

Mon vœu pesait sur ma poitrine comme une montagne. Loin d'avancer dans le sanctuaire, j'aurais voulu pouvoir reculer. Je tombai bientôt dans une sorte d'agonie morale. Je n'avais plus même la force d'espérer. Les cadavres couverts d'un voile noir, sur lesquels je voyais jeter dans l'Eglise de l'eau bénite avec des prières, étaient moins à plaindre que moi; j'aurais voulu pouvoir m'ensevelir dans leur repos éternel. Ce supplice se prolongea une année et demie; le calice était épuisé. Mes supérieurs, voyant bien que le temps, la solitude, ni le jeûne ne guérissaient pas mon mal, commencèrent à désespérer de moi. La mortification, cette plante amère, sur laquelle la grâce verse une douceur secrète, n'avait pour moi que des fleurs desséchées. On craignit à la fin que la maladie dont j'étais atteint ne se communiquât au reste du troupeau. Mon directeur, lassé de la faiblesse d'un cœur amolli par l'imagination et par les sens, me déclara un jour qu'on me laissait libre de me retirer.

Cela était bientôt dit : mais, rentrer dans le monde avec une tonsure de diacre derrière la tête et un vœu terrible sur la conscience, quelle destinée! En dépit de ma folle passion, j'aimais cet état ecclésiastique auquel se rattachaient toutes les joies et tous les rêves de mon enfance. Encensoirs dorés, dont je me plaisais tout jeune à balancer le feu devant l'autel, je sentais avec larmes se rompre vos chaînes entre mes mains! L'habit a une vertu qui pénètre; on devient doucement et comme à son insu le personnage dont on porte longtemps l'uniforme. Je sentais bien d'ailleurs que je ne serais désormais à ma place, ni dans le cloître, ni dans le monde : j'avais assez bu au calice des joies spirituelles, pour me dégoûter des plaisirs grossiers, et je n'étais pas assez délivré des sensations de la chair, pour m'attacher aux choses de Dieu. Ma vie était donc manquée. Un instant, j'eus l'idée d'entrer dans un monastère pour en finir vaillamment avec ma conscience : je ne veux pas, me disais-je, renouer avec le monde une vie dont le séminaire a usé la meilleure moitié, ni traîner sous les yeux du siècle la dègradante misère d'un apostat. Je m'ouvris de ce projet à mon directeur, qui l'accueillit ; mais ce fut tout. Cependant comme la Trappe était loin, et que ma bourse était vide, mes forces épuisées, je ne savais pas encore où j'irais. Le jour de ma sortie de Saint-Sulpice arriva. Ma mère était morte de tristesse en voyant retarder depuis deux années mon ordination; Paris était pour moi en pays étranger: que devenir dans cette grande ville où je ne connaissais d'autre maison que celle du séminaire?

V

Au moment où je mettais le pied sur la place de Saint-Sulpice, qui était pour moi comme le vestibule de ce monde inconnu dans lequel j'entrais avec terreur, j'avisai devant la grille du séminaire une chaise de poste arrêtée. Cette voiture attendait depuis longtemps. Quel fut mon saisissement quand je vis paraître à la portière la tête d'Elisa! Elle me sourit et me fit signe de monter à côté d'elle: nous ne poussâmes qu'un cri qui fut suivi d'un silence. Depuis deux années que je ne l'avais vue, quel changement! L'âge lui avait beaucoup donné et rien ôté. Comme elle était grande et belle! Je regardais avec une complaisance damnable ses cheveux qui avaient un peu bruni, ses mains formées et le contour de sa gorge. — Allons, dit-elle en jouissant de mon trouble, je vois que nous nous aimons encore.» — Elisa me raconta tout en quelques mots: elle m'avait écrit plusieurs fois; ses lettres et les miennes avaient été interceptées; elle était parvenue à savoir le jour de ma sortie. Son père était mort. Elle se trouvait, quoique mineure, à la tête d'une assez grande fortune qu'elle partageait avec son frère. Mes peines, mes tourments de cœur, elle les avait éprouvés. — « Je veux maintenant, ajouta-t-elle, vous rendre heureux.»

La voiture partit. — « Mais c'est un enlèvement, dis-je tout effrayé de ma bonne fortune? — Je vous enlève, en effet, reprit-elle d'un air moqueur : allez-vous pas appeler au secours? » Je ne sus répondre qu'un baiser sur une petite croix d'or qu'Elisa portait au cou. — « Les vilains habits que vous avez là! ajouta-t-elle en montrant ma soutane, mon rabat et ma ceinture noire : je vous apporte de quoi changer. » J'entrevis dans un coin de la voiture un petit paquet de vêtements. — « Où allons-nous? demandai-je avec embarras. — Mon Dieu, où vous voudrez; il y a de la terre et du soleil partout. J'ai envie de dire au cocher qu'il nous conduise à Venise; c'est le pays des romans, et nous allons commencer le nôtre. — Non, non, m'écriai-je en faisant un retour sur moi-même, retirez-vous, Elisa; laissez-moi, je suis diacre. Je dois finir mes jours dans un tombeau. Mlle d'Angervilliers fondit en larmes. — « Je ne veux pas, repris-je d'une voix ébranlée, vous mettre de moitié dans mon crime et dans mon apostasie. Savez-vous quel caractère je porte? Ne voyez-vous pas sur ma tête rasée le signe de Caïn? Je dois être errant et seul comme lui sur la terre. — Eh bien, tant mieux, je serai la sœur du proscrit. Ne suis-je pas la cause de tes malheurs et de tes infidélités : puisque j'ai partagé la faute, je veux avoir la moitié de l'anathème. Sans moi tu serais seul : je te consolerai. Les femmes ont, m'a-t-on dit, la main plus légère que les hommes pour toucher aux blessures du cœur : je soignerai les tiennes, je tâcherai de les guérir. Allons, méchant, ne veux-tu pas de moi pour ta sœur de charité? Morts au monde et vivants pour nous deux, nous pouvons encore espérer. Je serai le souffle de tes lèvres, la main de ta main; ton Dieu sera mon Dieu. Est-ce donc après tout un si grand mal que de s'aimer? Il me semble que quand nous sommes l'un à côté de l'autre, le ciel même nous luit plus agréablement et nous envoie de plus douces influences. Est-ce que tu lis la colère divine dans mes yeux? moi, je vois le paradis dans les tiens.» — Nous partîmes le lendemain pour Venise.

La grandeur de la peine fait la grandeur de la joie qui lui succède. Durant les premiers mois, l'enchantement d'être ensemble endormait toutes nos douleurs. Nous avions loué une petite maison sur l'Adriatique. Au lieu de cette étroite cellule du séminaire où j'étais seul, j'avais maintenant une retraite ornée avec délicatesse de chiffons et de fleurs. La main d'une femme met de la grâce partout; je reconnaissais Elisa dans les mosaïques, les chinoiseries, les canges de porcelaine, les vanneries de Java, et tous les colifichets précieux qui font à Venise la toilette d'une jolie chambre. Le matin, la lumière nous donnait le bonjour en souriant. Elisa ouvrait presque toujours ses yeux avant les miens : au lieu de cette grosse voix dé séminariste et de ces sombres paroles latines dont on saluait mon réveil à Saint-Sulpice, une douce voix de femme, au timbre clair comme une cloche d'argent, me disait : «Levez-vous donc, paresseux! voici la mer qui est toute pleine d'étincelles, et les oiseaux chantent depuis deux heures le lever du soleil.» Elle accompagnait tout cela de si tendres yeux, elle secouait si coquettement par la chambre le parfum de sa chevelure, que je me trouvais presque mal de bien-être. Oh! combien pour un novice comme moi le fruit défendu avait d'attraits! Je passais la journée à me refléchir dans les yeux d'Elisa, dans son cœur. Une jolie femme est un miroir où l'on aime à se voir en beau. Le soir, nous regardions la mer, le ciel, l'immensité; toute la nature nous semblait comme remplie de nos sentiments : assis tous les deux sur notre balcon, nous levions les yeux vers les plaines étoilées, en récitant ce vers du Dante :

Amor che muove il sole e l'altre stelle.

Cette vie eût été délicieuse, si un prêtre pouvait aimer comme un autre homme. Malheureusement cela n'est pas possible. L'Eglise était devenue pour moi une seconde nature. Les efforts que j'avais faits pour m'assouplir à la règle m'empêchaient maintenant de me relever : je marchais à demi-droit et à demi-courbé, comme un prisonnier qui conserve la forme de la voûte sous laquelle il a plié longtemps. J'avais vécu deux fois, car mon existence présente ne ressemblait guère à celle du séminaire; mais telle est la force des habitudes prises, que je retournais toutes les nuits en songe à Saint-Sulpice. Cette persistance des rêves annonce toujours la fixité d'un sentiment ou d'un souvenir. La soutane était devenue pour moi, selon le langage de Bossuet, une seconde peau; j'avais beau l'arracher de mes membres, elle tenait à mon imagination comme la robe de Déjanire. Je me représentais toujours à moi-même sous ce vêtement noir. On ne sait pas jusqu'où va l'influence des premières impressions cléricales. Je portais souvent la main à ma tête pour sentir la place de la tonsure: hélas! les cheveux repoussent sous le rasoir; mais les sentiments que l'Eglise a retranchés se retrouvent-ils? mais l'oubli efface-t-il les plaies saignantes que nos serments ont mises à nu sur le cœur? Mort mal revenu à la vie, je portais toujours le cadavre d'un abbé sous l'écorce fragile et transparente d'un homme du monde. Le catholicisme était le fantôme de ma conscience alarmée. Je mettais à fronder mes anciennes croyances toutes sortes de bravades et de faiblesses; je ressemblais à un enfant qui, traversant un grand bois avec la peur dans l'âme, se met à chanter pour s'étourdir. Le ciel de Venise, ce ciel si bleu, me faisait songer amèrement à l'autre ciel que je perdais.

Au milieu de mes égarements j'avais conservé en secret quelques pratiques religieuses. Il était rare que je rencontrasse une église sur mon chemin sans y entrer; je cherchais les coins sombres et me retirais à l'écart pour prier Dieu.

Hélas! mon âme était amère et ma prière était desséchée. Sentant que les réservoirs de la grâce étaient fermés pour moi, je retournais bientôt à la mollesse et à la volupté. La vie que nous menions avec Elisa, cette vie si calme, donnait aux orages de mon cœur une violence extraordinaire. Il m'aurait fallu l'activité, le bruit, le dur travail pour m'oublier moi-même. Oh! qu'on achète cher la paix d'une conscience étouffée! L'idée de mon apostasie était une de ces plaies qui creusent en silence. Je croyais entendre se lamenter dans mon cœur la voix de l'Eglise, de l'Eglise qui avait compté sur moi pour consoler sa vieillesse, et dont j'avais trompé toutes les espérances. Combien je regrettais par instants, sans le dire, ma petite chambre de Saint-Sulpice avec mon pupitre et mes livres! Elisa était tourmentée en secret des mêmes remords : nous nous cachions l'un à l'autre pour souffrir. La pauvre enfant se montrait chaque jour plus bonne, plus dévouée, elle entourait mon existence de secret et d'amour comme d'un voile : mais ce voile si pur était taché par ce même amour qui me rendait à la fois le plus heureux et le plus malheureux des hommes.

Nous faisions de temps en temps, le soir, des promenades sur l'eau. Les promenades en gondole dans les bassins de Venise nous faisaient souvenir de l'étang de Pont-Chartrain, de notre petit bateau et des bonnes soirées que nous passions à regarder les étoiles. Une première fois Elisa fondit en larmes à cette idée. Je la pressai contre mon sein, en lui demandant le sujet de sa tristesse. Elle me dit que cette image et ce souvenir du château la faisait songer à son père, qui était mort. Je gardai le silence; mais, je crus entrevoir qu'Elisa regrettait, outre le marquis si bon, la pa x de l'âme et l'innocence qu'elle n'avait plus.

Les femmes, quoiqu'on en dise, ont besoin de plus de distractions que nous; leur esprit, plus mobile, demande à changer sans cesse d'objets; l'amour, si vrai et si grand qu'il soit, souffre chez elles de l'uniformité de la vie. Cette retraite où nous passions nos beaux jours ne satisfaisait plus Elisa. Insensiblement elle devint triste et inégale; je la surprenais quelquefois toute seule à pleurer. Son âme était atteinte, me disait-elle, d'un mal dont on ne guérit pas. Le silence et la solitude l'effrayaient. Ne dispersant rien de notre esprit, ni de notre cœur dans des conversations étrangères, nous étions accablés l'un et l'autre d'une surabondance de vie. Qui voir, après cela, dans le monde? Notre fatal amour était un secret qu'il fallait ensevelir dans les ténèbres. Mlle d'Angervilliers n'était pas sans faire des retours sur sa position : une jeune fille comme elle avait mieux à faire que de s'attacher à un homme comme moi. Malgré tout mon amour, je ne pouvais lui donner que de l'opprobre. Aux yeux du monde elle était ma maîtresse : la maîtresse d'un diacre! Je n'étais pas même un homme pour elle : les pratiques religieuses marquent sur les enfants de l'Eglise un caractère qui ne s'efface pas. Mes sens avaient gardé l'impression du cilice. L'habitude de me retirer au-dedans de moi même pour méditer, avait donné à ma figure un air de tristesse et de froideur que je portais jusque dans notre commerce. Elisa prenait quelquefois cette sévérité pour de l'indifférence. Oh! combien de fois ai-je envié le masque frivole de ces jeunes gens du monde qui ont toujours près des femmes le cœur dans les yeux! combien j'aurais payé cher leur tournure fringante et leur manière de porter le manteau! Hélas! moi je n'avais rien de tout cela; on voyait toujours les restes de ma soutane sous mes nouveaux vêtements. Cette idée me rendait jaloux, — oui, jaloux comme un tigre ou comme un hidalgo. Les biens dont on resserre le plus la possession sont ceux qu'on craint sans cesse de voir se perdre. Une telle crainte me rendait ombrageux, défiant, frénétique. Je pressais mon amour dans mes bras comme une ombre qui devait bientôt m'échapper. Elisa voyait mes transes et mes fureurs avec une compassion morne, sans même avoir la force de me tirer d'inquiétude. Depuis quelques semaines, elle avait la voix troublée et la démarche languissante. Sa volonté se soumettait à la mienne avec une douceur indolente qui me faisait mal : j'aurais voulu rencontrer en elle plus de résistance. Le ciel si clair qui brille sur Venise offensait ses yeux malades. Nous regrettions Paris et les toits pluvieux. Voilà donc où en était venu notre bonheur. — Dieu veut que nous ne trouvions jamais dans les créatures qu'un amour troublé, pour que l'imperfection de nos sentiments nous tienne sans cesse en haleine, et nous attire vers l'amour infini qui est au ciel.

L'idée que notre liaison devait finir me réduisait à l'extrémité, et cependant je sentais à chaque instant se rompre le fil de soie qui nous unissait. Même au milieu de nos plus doux embrassements, la voix de mon cœur m'avertissait de me hâter. Toute cette éternité n'était, je le sentais bien, qu'une heure fugitive. Cette seule pensée changeait la douceur de notre commerce en une amertune qui ressemblait à un avant-goût de la mort. Notre sommeil était assiégé de pressentiments douloureux. Il nous semblait à tous deux que notre amour devait se rompre par un dénouement tragique. Nous nous attendions en secret à une catastrophe qui devait terminer notre bonheur et notre supplice, sans savoir au juste de quel côté le coup viendrait. Il y avait même des moments où nous nous donnions le conseil de nous séparer; puis les larmes venaient aussitôt démentir une résolution si au-dessus de nos forces. Nous aimions notre mal et nous craignions plus d'être guéris que de mourir. Notre faiblesse se couvrait sous mille excuses héroïques : nous disions qu'il était beau de vivre ainsi en lutte avec la société. Peu à peu nous retombions dans notre fatal engourdissement, sans plus avoir la force de nous soulever vers un autre état. Par instant les instructions du séminaire me revenaient; il me semblait que nous portions ensemble la peine d'avoir voulu demander au temps plus que le temps ne peut donner. La vie est un fleuve, et comme on ne cherche pas à retenir l'eau qui court dans sa main, parce qu'on sait qu'elle trouve toujours quelque endroit par où s'échapper, de même le prêtre ne doit point arrêter la vie en lui-même pour la posséder et pour en jouir.

O inconséquence de nos sentiments! Il y avait des jours où nous demandions à Dieu de mettre la main dans nos cœurs pour rompre les liens qui nous étaient si chers. Hélas! le ciel nous exauça. Je voudrais jeter sur ma mémoire un voile éternel; car je sens ici le froid de la mort qui me pénètre jusqu'aux os. Faut-il rouvrir ces plaies de la conscience qui saignent toujours? L'amour qui m'avait fait apostat, allait me faire assassin. Seigneur! Seigneur! que l'abyme de votre justice est profond, et qu'on tombe d'une grande chute, quand on perd un instant de vue la sainteté de votre loi! Ils ont raison ces hommes qui ont cloué leur regard à la dalle du sanctuaire, qui ont meurtri leur cœur dans la pénitence et dans les larmes, qui ont fait dans la solitude du cloître un lit d'épines sur lequel ils roulent leurs membres révoltés. Ceux-là, du moins, évitent à jamais les horreurs d'un serment trahi et d'une conscience violée, qui finit par devenir à elle-même son bourreau! — Un nuage rouge couvre cette dernière partie de mes souvenirs, je ne chercherai guère à les débrouiller. Je vous dirai la fin en deux mots.

Nous avions loué, comme je l'ai dit, une petite maison qui trempait à moitié dans la mer. Un soir que je revenais plus triste encore et plus agité que de coutume, je crus apercevoir du mouvement dans la chambre d'Elisa. Elle vint m'ouvrir avec une figure extraordinaire; sa chevelure était défaite, je remarquai du désordre dans ses vêtements. — « Il est venu quelqu'un ici, lui dis-je, en arrêtant mes yeux sur les siens?» — « Non, répondit-elle faiblement, » et elle détourna la tête pour cacher sa rougeur. — Elisa avait tort de nier : des pas d'hommes étaient marqués sur le carreau, et une échelle de soie avait été oubliée sur l'appui de la fenêtre. Je répétai la même question d'une voix terrible : Elisa garda le silence. A ce moment un vertige affreux s'empara de moi. Un couteau se rencontra devant ma main, comme placé là par l'enfer; une force invisible me poussait le bras; le sein d'Elisa était découvert : je frappai. Mon amante blessée tourna vers moi des yeux pleins de douceur et de reproche : — « Ah! tu m'as tuée! s'écria-t-elle : j'étais innocente! » — Ma tête était perdue : je saisis le couteau encore tiède et le plongeai avidement dans ma poitrine pour mêler mon sang à celui de la femme que j'aimais. Cependant la mort ne venait pas : pour en avoir plus tôt fini, j'ouvris violemment la fenêtre et me précipitai à la mer. Mes blessures marquaient sur l'eau une traînée rougeâtre. Quelques pêcheurs qui étaient dans une barque vinrent à mon secours. Je me débattis contre leurs mains qui voulaient me sauver; j'avais soif d'achever sur moi-même ma vengeance. Cependant les forçes me manquèrent; je fus tiré de l'abyme sans connaissance et conduit à l'hôpital des Frères Mineurs.

VI

Une si tragique aventure fit quelque bruit à Venise : mais comme il y avait un diacre et une jeune fille dans cette affaire, les autorités jugèrent à propos d'étouffer notre histoire, pour éviter le scandale. On me ménagea les moyens de m'évader. Je me retirai aux environs de Naples. L'absence de mon amante me laissa dans un état d'anéantissement. J'avais beau regarder autour de moi, je ne voyais plus sur tous les objets que l'image de la mort. Un crêpe couvrait pour mes yeux la lumière du soleil et la figure de l'univers. Je m'en voulais de survivre à Elisa et je n'avais plus même le courage de me tuer. Le hasard m'apprit que mes soupçons étaient injustes : l'homme qui était venu chez Mlle d'Angervilliers et qui lui avait fait promettre le silence, était son frère. Albert avait suivi nos traces en Italie et s'était introduit en secret chez sa sœur pour la ramener dans la bonne voie. Surprise et intimidée par mon retour imprévu, elle avait perdu toute contenance.... L'innocence d'Elisa me fit d'autant plus apercevoir l'énormité de mon crime. J'avais besoin de sortir de moi-même pour me sentir vivre. Le galvanisme des passions les plus grossières et les plus brutales m'était nécessaire pour me redonner un peu de mouvement. Je me jetai dans le jeu, dans la bonne chère, dans la débauche. Ne sachant que faire de mon cœur, je tâchai de l'ensevelir dans le vin. Il me fallait des émotions fortes, poignantes : je liai connaissance avec des joueurs et avec des courtisanes. La vie que je menais était celle d'un homme perdu de dettes qui s'étourdit lui-même en tournant sur le bord de l'abyme. Comme l'ironie du ciel bleu me faisait mal, je dormais le jour et passais toutes les nuits à boire ou à tenir les cartes. J'étais du reste si éloigné de Dieu et de l'Eglise qu'il fallait un vrai miracle pour m'y ramener : mais Dieu nous tient souvent comme le prophète Habacuc au-dessus de l'abyme par un seul de nos cheveux, et ce cheveu suffit à nous tirer en haut, et il n'y a pas de risque, ô mon ami, que ce soutien si faible se rompe jamais.

Nous parlions souvent avec Elisa de l'immortalité de nos

âmes. Un des bonheurs de l'amour, c'est de partager avec la femme qu'on a toutes ses pensées. — La vie future, disions-nous, n'est pas une vie surnaturelle qui sorte tout-à-fait des lois de l'existence présente. Nous commençons sur la terre des destinées qui se continuent ailleurs. La mort n'est pas une résurrection, ni une fin, c'est un prolongement. Le Créateur a pris soin de lier la vie actuelle à la vie future par la conformité des jouissances morales et des besoins physiques. Le bonheur du ciel qui succède dans le calice aux peines d'ici-bas, c'est le vin de la prochaine vendange, le breuvage de la terre renouvelé. Cette seconde forme de notre existence immortelle a toutes ses racines dans nos mœurs, dans nos idées et dans nos sentiments. Nous préparons dès cette vie notre paradis en nous-même ou notre enfer, selon l'état dans lequel nous mettons nos âmes. La mort n'y changera rien et le jugement de Dieu ne sera que celui de notre conscience.» — Ces entretiens si graves me revenaient quelquefois dans la mémoire au milieu de mes désordres ; car le monde entier avait beau être effacé pour moi depuis mon crime, Elisa seule et les souvenirs de notre liaison vivaient toujours au fond de mon cœur.

Un matin, après avoir joué toute la nuit et avoir perdu des sommes considérables, je me retirai chez moi fort abattu. Mon esprit était, comme mon corps, dans un état d'accablement contre lequel je luttais avec les seules forces que me donnait la fièvre. Je me jetai sur un lit pour dormir : mais quelques heures se passèrent sans que je pusse dompter mon insomnie. J'avais les yeux ouverts et me perdais dans l'agitation de mes idées incohérentes, quand je vis (il me semble la voir encore) une femme se présenter à moi. Je ne la reconnus pas tout de suite, tant elle était triste et défigurée : une affreuse maigreur avait creusé ses joues ; ses cheveux, collés de poussière et de sang, tombaient en désordre; son flanc nu montrait une blessure qui n'était pas encore fermée. Immobile, elle me regarda longtemps avec des yeux éteints par les larmes. Je ne saurais dire l'air de tristesse infinie qui était répandu sur toute sa figure. Son bras droit pendait le long du suaire qui l'enveloppait à mi-corps, tandis que de la main gauche elle retenait les plis de cet unique vêtement. Hélas ! qu'elle était changée de celle que j'avais connue autrefois ! — « D'où viens-tu, lui dis-je? Pourquoi avoir si longtemps tardé? » — « L'endroit d'où je viens, reprit-elle d'une voix douloureuse, n'est pas marqué sur la carte de votre monde. Je viens du pays de la nuit. » — « Quel sujet de crainte ou quel tourment a terni la sérénité de ton beau visage? » — Elisa me répondit en tirant un long sanglot de sa poitrine : « Hélas! dit-elle, c'est toi qui m'as faite ainsi : depuis le jour fatal où tu m'as envoyée à l'éternité, j'expie tes fautes et les miennes dans un feu que toi seul peux éteindre. Dieu, en considération de notre amour, ne m'as pas repoussée de sa face; il m'a seulement condamnée à racheter la peine de tes désordres. Le lien qui nous unissait sur la terre n'est pas rompu : ma vie continue de tenir à la tienne par l'étroite solidarité de nos âmes. Selon que tu fais le bien ou le mal, je me réjouis ou je souffre. Depuis que tu t'es jeté dans le vin, dans le jeu et dans les femmes, mon supplice redouble; chaque plaisir que tu cueilles sur ce sentier maudit est une épine pour mon cœur. Le feu de ton impureté me dévore. Les liens des mauvaises passions dans lesquels tu t'enlaces pour t'étourdir, ces liens coupables me serrent et me déchirent les membres comme des serpents. Mieux vaut encore cette destinée-là que de te perdre pour l'éternité. J'aime jusqu'aux souffrances que j'endure à ton intention ; c'est du moins quelque chose de toi : mais si tu m'aimes encore de ton côté, tu songeras à celle que tes iniquités affligent, et tu épargneras mes douleurs. Au revoir.»

— Elle dit : un nuage sombre passa devant sa face, et tout s'évanouit.

Ce songe (si c'était un songe) me donna à penser. Le démon me tenait d'ailleurs par tant de côtés que ma conversion me semblait une entreprise au-dessus de mes forces. Elisa revint les jours suivants. Sa présence me devint bientôt nécessaire : elle me donnait des conseils pour m'aider à réformer ma vie. A chaque pas, je succombais sous le fardeau des engagements du siècle : elle me tendait la main pour me relever. Je vis cependant tomber peu à peu toutes ces attaches. Mon cœur se changeait comme par miracle : je fus pour ainsi dire reporté à mon ancien état, plutôt que je n'y revins de moi même ; car, il se fit alors dans ma conscience des mouvements dont je n'avais pas en quelque sorte la liberté. Soyez loué, ô vous qui m'avez envoyé du ciel ce secours inattendu pour me tirer de l'abyme de mes mauvaises passions ! L'amour m'avait perdu, l'amour me racheta. Dieu se servit d'une femme pour me délivrer de la captivité des autres femmes. L'idée qu'Elisa payait de son sang toutes mes infidélités était un frein qui m'arrêtait tout court dans mes déportements. A chaque fois que j'étais sur le point de cueillir un plaisir défendu, je voyais se dresser, entre moi et l'objet de mes convoitises, la pâle figure de ma maîtresse, toute crucifiée par mes désordres. Elle m'apparaissait en effet le lendemain, et je voyais sa chair cruellement pénétrée par l'aiguillon de mes volontés illicites. Ses yeux, consumés d'un feu sombre, me disaient : Pourquoi as-tu failli ?

Cette vision était, sans aucun doute, mon idée fixe qui se montrait à mes yeux sous une forme sensible. J'avais beau me dire cela, je n'en étais pas moins soumis à la puissance d'un charme qui m'obsédait. Ce fantôme de ma conscience, qui revenait tous les jours pour m'avertir de rompre avec le vice, exerçait sur mes esprits troublés une terreur salutaire. Je me mis entre les mains des médecins, qui ne comprirent rien à mon mal. Bien des choses sont restées obscures dans cette partie de mon histoire. Je m'apparaissais à moi-même dans cette jeune fille qui avait été la moitié de ma vie. Ces deux hommes si opposés n'en faisaient qu'un ; c'était moi qui me livrais à l'ivrognerie, aux femmes, et c'était moi qui me condamnais le lendemain par la bouche d'Elisa des excès de la veille. Ce bien m'échappait alors ; j'avoue même qu'il m'échappe encore aujourd'hui, tant la dualité de mes impressions était distincte. Cette apparition, dont je me rends maintenant compte, était à coup sûr un effet naturel de mes souvenirs et de mes sentiments renouvelés ; je me plais néanmoins à voir le doigt de Dieu marqué sur les phénomènes qui ont déterminé ma conversion. — O heureuse folie qui m'as ramené à la raison et au devoir !

A mesure que je luttais contre moi-même pour me dégager des liens de la concupiscence, Elisa reprenait quelques-uns de ses ornements passés. Sa figure laissait tomber peu à peu ce voile de tristesse et d'obscurité que lui avaient donné mes égarements. Sa beauté revenait, une seconde beauté, plus pure et plus austère que celle dont j'avais brisé la fleur. Des grâces attristées se mêlaient sur ses lèvres à un demi sourire. Sa robe, d'une blancheur renaissante, ne semblait pas faite par une main humaine ; c'était plutôt cette robe d'immortalité dont il est dit que nous serons tous revêtus dans le ciel. Comme Elisa recevait le contre-coup de mes violences et de mes désordres, de même elle participait à mes victoires sur la chair. Cette unité de nos âmes, qui se prolongeait d'un monde à l'autre, était pour moi d'un secours et d'un charme infinis. Seul, je n'aurais jamais eu la force de sortir de mon abjection : une main attirant la mienne, nous remontions, comme deux anges déchus, du fond de l'abyme jusqu'à Dieu.

L'amour vrai est celui que la mort ne termine pas. L'état mental dont j'étais affligé n'a pas encore de nom dans la science. C'est un mystère dont je ne veux pas pénétrer le sens caché, mais dans lequel j'aime à voir une nouvelle rédemption de l'homme par la femme. Je recommençais à vivre régulièrement. Elisa était mon directeur : elle m'avertissait de fréquenter celui-ci, d'éviter celui-là : elle me marquait d'avance le bien que je devais faire. Une année se passa dans ce travail sur moi-même. J'avais arraché l'ivraie de mon champ et fait croître le bon grain. Elisa m'apparut alors pendant le sommeil : je la vis comme ornée de mon repentir. Son visage était souriant et tout éclairé d'une douce lumière. — « Adieu ! me dit-elle : je suis heureuse. Il vous reste un devoir à remplir. L'Eglise souffre ; elle vous appelle par son gémissement : allez à votre épouse ! » — Ce furent ses derniers mots. Je laissai couler mes larmes entre moi et Dieu. Puis, comme je sentais que le fil conducteur de ma nouvelle vie venait de se rompre, et que je devais à Elisa d'achever son ouvrage, j'allai remettre ma conscience entre les mains d'un vieil évêque.

VII

On m'imposa une retraite de quelques mois à la trappe de la Meilleraie. Malgré la dureté de la règle, je goûtai sous cette austère discipline un saint repos et comme un soulagement intérieur, au sortir des agitations du siècle. C'est une institution souvent utile que celle qui remet les péchés.

Comme ce pardon de l'homme à l'homme (pardon qui, selon la foi chrétienne, descend des mains mêmes de Dieu) soulage la conscience accablée! J'avais besoin de cela pour reprendre intérêt à la vie. Le zèle de mes compagnons m'effrayait, je me contentai de les suivre de loin dans l'âpre sentier de la perfection chrétienne. Le trappiste habite en esprit un autre ciel et une autre terre. Il faut voir ces spectres d'hommes qui traversent la vie en silence. Toujours tués, toujours immolés, ils n'aspirent qu'à recevoir le dernier coup de mort. Qui sait? peut-être ont-ils choisi la meilleure part. Ne pouvant décliner le fardeau, ils tâchent de l'élever jusqu'au ciel par l'espérance d'en être un jour délivrés. J'ai vu ces heureux misérables à l'ouvrage; ils remuaient la terre avec une ardeur taciturne, comme si cette terre eût caché un trésor. Le trésor qu'ils cherchaient avec la bêche, ce n'était ni une perle enfouie, ni une somme d'argent; ce n'était même pas le fruit naturel du travail; non: le trésor qui était caché pour eux dans ce champ aride, c'était le Paradis.

J'avais beau faire, je ne pus jamais atteindre à l'état de ces religieux. Leur pénitence me semblait horrible: elle faisait même injure à Dieu, qu'elle supposait dur et impitoyable. Je me contentai de réformer mes mœurs et de purifier mon âme. On ne recouvre d'ailleurs qu'à demi la possession des choses du ciel. Le doute est comme la fumée qui laisse du terne sur les dorures: on nettoie, mais l'éclat enlevé ne revient jamais. J'ai pourtant gagné à mes égarements un don précieux, que Dieu refuse à la plupart des prêtres et qu'il me fit acheter bien chèrement: la tolérance. L'expérience de mes faiblesses m'a rendu indulgent aux faiblesses des autres. Les mois passaient. Je ne voyais plus Elisa: mais je croyais encore sentir autour de moi son assistance. Elle m'apparut une dernière fois. Son visage avait comme le mien cette sérénité douce que donne la joie d'une faute expiée. — « Tu ne me reverras plus sur la terre, dit-elle, je te donne rendez-vous dans un autre monde. Tu vas être prêtre : souviens-toi d'être tout à l'Eglise, cette chaste épouse, qui veut bien te recevoir malgré tes infidélités.»

Les portes de mon tombeau s'ouvrirent : une lettre de l'évêque m'annonçait que j'allais être admis à la prêtrise. J'hésitai devant cet honneur redoutable, dont je m'étais rendu indigne. Cependant je crus que dans le temps où nous vivons un prêtre pouvait encore être utile. Je n'avais plus rien à craindre des orages de la concupiscence. Mon cœur s'était promené çà et là, et n'avait trouvé nulle part où se reposer sur les créatures : pouvais-je mieux faire que de le rapporter au Créateur? Les années de la jeunesse m'avaient quitté, et les folles passions s'étaient envolées avec elles. L'Église était pour moi comme la terre natale sur laquelle j'avais ouvert les yeux; dans le monde j'étais au contraire un étranger. Depuis longtemps je sentais dans mon ame le mal du pays de Dieu. Ce fut donc un grand jour, un jour heureux pour ma conscience, que celui où je renouai avec l'Église un engagement irrévocable. Pour mieux ensevelir mon passé je changeai de nom. Prêtre, on m'envoya dans les montagnes desservir une paroisse abandonnée. J'avais toujours eu du goût pour la vie des champs. Je suis heureux ici ; car je fais quelque bien et ces bonnes gens m'aiment. Avec mes livres, mes simples et l'espérance de revoir un jour celle qui fut mon bon ange sur la terre, je m'enivre des charmes de la paix et de l'oubli. Mon église est petite : mais Dieu n'est-il pas partout, ne réside-t-il pas dans la nature comme dans un temple qu'il a construit de ses propres mains? C'est là aussi que je l'adore et que je cherche à expliquer sa grandeur aux autres hommes.

Ayant fait un voyage en Suisse, je rencontrai un ministre

protestant, avec lequel je me liai de sympathie. C'était un homme de mon âge qui avait eu des aventures de jeunesse et qui avait fini par se marier. Nous nous racontâmes notre histoire, qui se ressemblait; car le cœur humain est le même dans toutes les croyances et dans tous les pays. Quoique je n'aime pas le protestantisme, ni par goût, ni par devoir, je fus frappé de la droiture de ses sentiments. Il se consolait comme moi dans la pratique des bonnes œuvres. Faut-il le dire? le ciel voulut que je trouvasse chez lui de plus solides leçons qu'à la Trappe. Ce n'était pas une de ces solitudes de la mort où chaque heure, qui tombe sur le cœur repenti, sonne le glas de l'éternité, où le silence est, pour ainsi dire, l'état naturel de l'homme, où tout prend autour de vous la figure terrible du dernier jugement. Non : c'était une petite maison puritaine, avec un cordon de vigne, tout le long duquel pendaient des raisins. Là, demeuraient le zèle du bien, la franchise et toutes les vertus de l'honnête homme. Au lieu de cette religion sauvage qui commence par anéantir la nature, je trouvai chez lui la pratique des devoirs sans ostentation et sans faiblesse. La Trappe est bonne pour les caractères destructeurs : ces pieux assassins tueraient peut-être leurs semblables s'ils ne se tuaient eux-mêmes : mais, pour les caractères doux comme le mien, il faut une vie plus commode et plus bienveillante que celle du cloître.

Mon cœur s'était fatigué dans ses égarements. Mon esprit s'était exposé lui-même à tous *les vents de doctrine*, et il en était si battu que je ne savais plus où retrouver le repos de la conscience. Dans les premiers temps de ma conversion, la crainte du doute me fit souvent reculer jusqu'à ces pratiques minutieuses que je blâmais autrefois chez mes confrères. Peu à peu le calme se fit dans mon âme. La lecture des saintes lettres était une lampe qui éclairait mes pas dans le chemin de la morale. J'avais de plus que le ministre génevois un écueil à craindre — la confession. Le prêtre catholique respire, comme malgré lui, dans le confessionnal la fleur de toutes les virginités et de tous les mariages. Je veillai si bien sur mon cœur que je ne fus plus un seul instant tourmenté par l'ombre de ces mauvaises passions qui avaient failli m'entraîner dans l'éternel abyme.

Je fus plus longtemps à endormir mon esprit raisonneur. Le temps et la grâce triomphèrent pourtant de ma rébellion. Aujourd'hui, je prie, sans condamner personne, pour ces enfants du siècle, dont je suivis autrefois les traces vaillantes dans le chemin de la vérité, dont je partage encore les tristesses et les espérances. J'attends toujours la parole nouvelle qui doit venir.

Le bon prêtre s'arrêta quelques instants, pour se remettre de l'agitation de ses souvenirs. Le jour était avancé; le soleil déclinant lançait sur nous, de côté, ses flèches d'or. J'admirai une dernière fois le calme de cet homme juste, si bien en harmonie avec la nature, sur laquelle errait mes yeux et mes pensées émues. Je rompis enfin le silence : — Et maintenant, lui demandai-je, croyez-vous? — Je me soumets, répondit-il; la foi n'est que cela. Les religions sont comme le soleil, qui éclaire encore longtemps après son coucher; prêtre, par la volonté des événements, je cherche à faire du bien à mes frères. Quand je possède au-delà du nécessaire, il me semble retenir la vie d'un autre homme, auquel le nécessaire manque, et je me hâte de me délivrer de ce superflu. Je hais les consciences scrupuleuses sur les petites pratiques et larges sur les véritables devoirs, qui *filtrent le moucheron et avalent le chameau.* Ma parole n'alarme jamais; elle console. J'instruis; j'invite à croire et à espérer : c'est le moyen d'élever les humbles, les petits, les ignorants; car toutes les intelligences s'égalisent d'avance dans la foi en une autre vie. Loin de moi ces dogmes qui terrifient la raison et cette théologie aussi enveloppée que les mystères de Cérès. Je ne défends ni aux autres ni à moi-même d'avoir des yeux pour la nature, pour cette magie des objets sensibles que l'Eglise condamne. Fais-je mal ? je ne le pense pas. O beauté unique, je n'aime dans les autres êtres créés que la beauté qui vient de toi. D'autres apportent plus de lumières que moi à l'œuvre de régénération sociale qui se prépare; nul n'est entré dans la pratique de l'égalité avec une volonté plus droite. Si mon orthodoxie n'est pas entière, je tais mes doutes, et je trouve moyen de les couvrir sans dissimulation sous la régularité de mes mœurs. De cette manière-là je suis le seul à en souffrir. Qu'aurais-je fait hors de l'Eglise ? Ma faible résistance se serait usée en protestations stériles. Il y a par le monde une grande voix qui remplit cette mission : c'est la voix du Précurseur. Mon œuvre est plus humble et plus soumise ; j'attends, et, en attendant, j'ouvre autour de moi les cœurs pour recevoir la semence de l'avenir. »

Je revis l'abbé Symphorién à Paris quelques jours après la Révolution du 24 février. Il était censuré par son évêque pour la hardiesse et l'excentricité de ses doctrines. Son regard était extraordinaire. Sa pensée rayonnait par-dessus les étroites barrières de la foi. Le catholicisme était dépassé par l'interprétation qu'il donnait aux dogmes et aux symboles de l'Eglise. Il me parla d'une religion universelle qui devait s'étendre à toutes les intelligences et fondre successivement toutes les sectes dans une nouvelle, idée de Dieu et de la nature. A l'entendre, la religion avait toujours été soumise à la loi du progrès. Il voyait dans les Ecritures la trace de quatre alliances, contractées par Dieu avec son peuple dans la personne d'Abraham, de Moïse, de David et de Jésus-Christ. Ces quatre alliances étaient à ses yeux quatre époques de transformation religieuse. Il en concluait que les formes étaient de leur nature toutes provisoires, et qu'il n'y avait eu, depuis l'origine du monde, qu'une seule religion, dont le développement était la vie même de l'humanité.

Il avait renoué avec le souvenir de cette femme, qui avait été à la fois le bonheur et le tourment de sa conscience. Elisa lui avait apparu de nouveau. Cette hallucination répandait sur ses idées une teinte particulière. Il me parla beaucoup de la vie future. Ce malheureux avait déjà une moitié de son cœur hors de la vie présente. Il se trouva que ses idées répondaient aux miennes; c'est en mêlant nos deux points de vue sur les destinées de l'homme, que j'écrivis les pages qu'on va lire. Et dans quelles circonstances, grand Dieu! c'était après les fatales journées de juin 1848. Les derniers coups de canon tonnaient dans le faubourg Saint-Antoine. Mon domicile venait d'être envahi. N'ayant plus où reposer ma tête, poursuivi dans la ville par les fureurs royalistes, j'allai passer quelques jours chez ce prêtre persécuté. Il me reçut en ami. Le proscrit tendit la main au proscrit. Son esprit était malade, mais son cœur était bon. Nous causâmes fort longuement de ses visions et de ses espérances au-delà du tombeau. A ces entretiens philosophiques se mêlait une sombre préoccupation des tourments de la démocratie.

Les rapports qu'on nous faisait, chaque jour, sur les plaies de la guerre civile, sur l'état du faubourg Saint-Antoine dévasté, nous glaçaient l'âme. Des murs fouillés par les boulets; un squelette de ville; la consternation et la faim assises sur des ruines : nous voyions tout cela, de loin, à travers les hallucinations de la douleur. J'étais navré; il était résigné, mais triste.

Tous les objets de la nature sur lesquels je portais mes yeux me montraient partout l'image de la mort.

C'est sous la pression de cette tristesse que j'écrivis.

J'adresse ces pages inspirées du cœur à ceux de nos frères qui n'ont pas succombé dans la lutte et qui souffrent. Ils y trouveront peut-être quelque soulagement à leurs maux. L'immortalité fait le tourment du riche et la consolation du pauvre.

J'ai peu consulté la tradition; je n'avais que deux livres sous les yeux, la nature et mon âme.

L'immortalité n'est d'ailleurs chez l'homme ni une opinion, ni une croyance : c'est un pressentiment.

FIN DU PROLOGUE.

DE LA

VIE FUTURE

AU POINT DE VUE SOCIALISTE.

I

De la Création.

Nous allons d'abord étudier la vie future dans ses rapports avec notre globe.

Comme dans une mécanique, une première impulsion donne lieu à une série de mouvements qui s'engendrent les uns des autres : de même l'univers, que certains naturalistes ont nommé l'admirable machine, est le résultat d'un premier mouvement communiqué à la matière, lequel, par une suite de mouvements enchaînés, a produit successivement tout ce que nous voyons, les plantes, les animaux et l'homme. Il n'y a de la sorte pour nous dans l'avènement des choses à la surface du globe qu'un mystère, un seul, qui enveloppe toute la suite des phénomènes naturels ; c'est la création de la matière et de la vie.

Au commencement, le globe que nous habitons était une vapeur, l'âme matérielle d'un monde à naître. Avec le temps cette masse fluide s'est embrasée. Nous avons dit ailleurs (1) les origines de notre planète ; son état primitivement igné ; les vastes ténèbres qui couvraient ce noyau d'un monde en fusion ; la précipitation atmosphérique des épaisses nuées qui chargeaient la face du globe brûlant ; la lutte infinie de l'eau et du feu ; l'immersion de cette masse incandescente dans un Océan qui bouillonnait ; le refroidissement lent et gradué de cet abyme d'eau : le monde en était là, quand les premières formes de la vie ont apparu vagues, indécises, immenses.

Les eaux ont été peuplées avant la terre. L'Océan, le plus ancien réceptacle de la vie, a été le témoin des premières formations végétales et animales. Dès que ces grandes secousses furent calmées, dès que la température des eaux se fut abaissée peu à peu, la mer désolée et vide, après les premières scènes d'invasion tempétueuse, avait vu se former dans son sein ému des générations successives d'être doués de mouvement et de vie. Cette création sous-marine se traîna d'abord dans les débilités, et comme dans les ébauches du premier âge. Les très-anciens végétaux ou animaux qui apparurent, *rari nantes in gurgite vasto*,

(1) *Paris ou les sciences, les institutions et les mœurs au XIX*e *siècle*, 2 vol. in-8°.

quoique pourvus d'un volume considérable, appartenaient aux espèces inférieures des deux règnes. La vie s'éleva par une foule de degrés intermédiaires du dernier zoophyte jusqu'au poisson et au reptile. Encore ces types connus donneraient-ils une bien faible idée des gradations primitives de la vie et de ses tâtonnements multiples; la même espèce était tour à tour produite au sein des eaux, détruite par des cataclysmes violents, reproduite sous l'empire de nouvelles causes extérieures et infiniment remaniée dans ses formes. Le règne végétal et animal s'essayait ainsi au globe naissant.

Cependant, la masse de feu liquide plongée sous l'immensité des eaux s'était éteinte dans son naufrage. Une écorce solide s'était formée autour de cette matière volcanique et refroidie. Sur les premières terres découvertes, des plantes et des animaux se montrèrent. La vie s'avançait d'espèce en espèce, marquant çà et là des distances, des intervalles, des repos entre une formation et une autre, ne s'arrêtant jamais. Chaque famille végétale ou animale, en revêtant l'existence, ajoutait, pour ainsi dire, de nouveaux organes à la Création une et de plus en plus variée. Ces anciens animaux étaient alors bien différents de ce qu'ils sont aujourd'hui; ils l'étaient autant que l'état passé différait de l'état actuel de la terre. Les conditions extérieures imprimaient à cette création naissante un caractère surprenant de force et d'uniformité. Des révolutions survenues dans le calorique, dans les fluides respiratoires, dans l'économie générale du globe, modifiaient successivement la constitution des premiers êtres. Le règne végétal et animal s'avançait ainsi des ténèbres de l'enfance vers un état organique de plus en plus perfectionné. L'imagination a de la peine à se défendre du merveilleux, quand elle se reporte vers ce printemps de la vie, vers ces régions peuplées d'animaux inconnus maintenant sur la terre, qui ont annoncé et préparé d'âge en âge l'avènement de l'homme. Quelle poésie étrange et indéfinissable que celle répandue sur ces parties du globe récemment abandonnées par la mer! Quand la science agite ces ossements et cette poussière des mondes, toute une creation, éteinte par les bouleversements et les transformations de la nature, revit. On assiste alors au rêve de Dieu. Le monde que nous habitons était préformé de toute éternité dans l'idée créatrice; mais la réalisation de ce projet n'a paru qu'en son temps, par une suite de développements mesurés, de transformations prévues. C'est ainsi que l'homme, prémédité, dès l'origine, par l'auteur des êtres, annoncé sur le globe par une succession de faits naturels, ne s'est manifesté qu'à la fin et à heure fixe, quand les animaux, ses aînés, lui eurent, pour ainsi dire, ouvert les voies à l'existence. Sa venue semble avoir été précédée d'un dernier cataclysme, dont les traces sont répandues sur toute la terre et que les historiens ont appelé le déluge.

Il n'y a eu qu'une seule émission d'êtres à la surface du globe, quoiqu'il y ait deux zoologies distinctes. Parmi les anciens animaux, les uns ont succombé au progrès; nous retrouvons seulement la trace de leur existence dans les entrailles de la terre ; ce sont les animaux antédiluviens. Les autres se sont conformés par des changements survenus dans leur organisme à l'état plusieurs fois renouvelé du globe terrestre : ce sont ceux qui existent maintenant à la surface de notre planète. Tout ce qui respire aujourd'hui dans la nature est lié par des rapports intimes à une première formation végétale ou animale, qui s'est modifiée séculairement sous l'empire des agents extérieurs. Il y a donc unité dans la Création. Cette unité ne gène en rien, quoiqu'on en dise, la liberté divine. L'orbite des développements de chaque être a été tracé, dès l'origine, dans le plan général de l'univers. L'Auteur des choses a préformé, au commencement, les plantes et les animaux dans un rapport déterminé aux diverses révolutions qui devaient changer d'époque en époque la face de notre monde.

Ce qui résulte de cette manière philosophique d'envisager les faits, ce n'est pas, comme on nous l'a reproché ailleurs, l'éternité du monde, ni le panthéisme de Spinosa ; c'est la fraternité des êtres, c'est la communion de la vie sur le globe. Parmi les philosophes qui ont voulu expliquer la création des choses, les uns admettent un Dieu impotent, inventé seulement pour le repos de leur conscience ; les autres, au contraire, imaginent un Dieu pour tout faire, qui met sans cesse la main à l'ouvrage ; de ces deux systèmes le premier laisse l'ordonnance des choses au hasard ; le second dégrade la notion du Créateur, en assimilant son action à la nôtre. Au commencement, la main de

Dieu était sans doute dans le travail de construction du globe ; mais elle y était cachée sous l'action des forces naturelles. Plus tard, le Créateur était présent à toutes les manifestations successives de la vie, mais présent à sa manière, c'est-à-dire en vertu des lois établies par lui, de toute éternité, dans l'arrangement des choses. Dieu n'a agi dans l'œuvre de la création que sur la masse. Il a laissé ensuite aux agents secondaires le soin d'accomplir en sous-œuvre ses volontés.

Le monde objectif est le moule et, si l'on ose ainsi dire, l'*utérus*, dans lequel ont été formés les premiers êtres, véritables embryons des êtres aujourd'hui vivants : le moule changeant (et il a, en effet, changé plusieurs fois), les êtres organisés ont revêtu des conditions nouvelles de forme, de respiration et de mouvement. Les influences extérieures étant douées d'une force plastique et configuratrice des êtres, il est facile de concevoir comment la création animale, en traversant divers milieux successifs, a dû s'élever des formes les plus simples et les plus élémentaires à l'organisation la plus compliquée. L'homme est jusqu'ici l'ouvrage le plus avancé de cette création en voie de développement : préparé par les évolutions successives du principe de l'être chez tous les animaux qui avaient paru avant lui sur le globe, il termine la chaîne des progrès aujourd'hui connus.

Avec l'homme commence sur le globe un nouvel ordre de faits, qui se lie néanmoins à l'unité des rapports de la création. Le progrès géologique en vertu duquel la matière se révélait à elle même tout ce qu'elle est, durant les âges antédiluviens, a devancé et préparé le travail de la civilisation à la surface de la terre. Les lois de l'histoire qui succède aux mouvements de la vie sur le globe, ne sont que les lois de la nature transformées. L'action occulte appliquée aux faits de l'histoire prend le nom de Providence. Au fond, c'est toujours la même force. Cette Providence se tient masquée derrière la liberté de l'homme et les rapports des événements aux causes, comme l'action créatrice se voilait au commencement derrière les lois établies dans la nature pour le développement des êtres.

Par delà toutes les causes que l'esprit humain croit apercevoir, il en est une constamment obscure, qui ne se laisse jamais atteindre, ni mesurer : cette cause première, immense, éternelle, qui donne la vie et le mouvement à toutes les autres, c'est Dieu. Il ne faut pas se hâter de la définir; car, à révéler cette cause des causes, travaillent dans une indéfiniment longue suite de siècles, la nature d'abord, l'humanité ensuite.

La science, c'est l'évolution de Dieu dans la matière; l'histoire, c'est l'évolution de Dieu dans l'humanité.

II

Du Récit de la Création par Moïse.

Moïse avait puisé ses idées sur l'origine du monde dans les mystères de l'initiation égyptienne. La terre avait alors une mémoire plus fraîche, si l'on ose ainsi dire, des événements qui s'étaient passés à sa surface, durant cette longue nuit de siècles, d'où sortit l'enchaînement des êtres. La pensée de Dieu, présente à la pensée de Moïse, comme elle l'est à celle de tous les écrivains qu'elle inspire, lui fit découvrir sous les images de la sagesse antique le plan général de la Création.

Ce qui étonne, c'est que ce grand géologue d'intuition trace à vol d'aigle la marche que la vie a réellement décrite dans son mouvement général d'ascension ou dans ses retours partiels sur le globe. Les plantes, selon la Bible, ont paru avant les animaux, les poissons avant les reptiles, les reptiles avant les mammifères, les mammifères avant l'homme. Les six jours de la Création, dont il est parlé dans la Genèse, sont évidemment six époques, durant lesquelles se développe, à travers des repos et des sommeils, l'inépuisable force qui préside au gouvernement de la vie sur le globe.

Ce qui manque au récit biblique ce n'est pas l'ordre d'avènement des êtres à la surface de la terre ; c'est l'histoire des perturbations et des changements que le règne organique a subis. On cherche vainement dans le tableau esquissé par Moïse la trace de ces espèces animales, apparues tout d'abord à l'existence, disparues dans un des naufrages de la terre, reparues à la suite des temps sur le globe revivant et transformé.

Ceux qui ne veulent point surprendre la révélation en défaut, peuvent dire que Moïse a jeté à dessein le voile du silence sur cette succession des formes végétales et animales ; qu'il a prétendu faire, non le récit de l'évolution des choses à la surface de notre planète, depuis l'origine des temps, mais l'histoire du renouvellement de la vie et du repeuplement de la terre, après une des dernières catastrophes violentes qui avaient englouti successivement les anciens mondes.

Ce qu'on a pris pour le chaos, dans le texte hébreux, serait alors tout simplement la trace d'un déluge récent; la terre était, dans ce moment-là, stérile et vide, et d'épaisses ténèbres couvraient sa face morne. « Dieu dit que les eaux qui sont au-dessous des cieux soient rassemblées en un lieu et que le sec apparaisse, et il en fut ainsi. Il nomma le sec terre et l'amas des eaux mers. »

Ce chaos était la transition d'un monde à un autre monde.

Moïse raconte ensuite dans quel ordre les plantes et les animaux détruits en apparence par le dernier cataclysme terrestre et confondus dans cet abîme d'eau qui recouvrait la terre, sont retournés à la vie. Ce qu'il y avait, cette fois encore de changé, ce n'était pas le principe inaltérable de l'être, c'étaient les formes sous lesquelles ce principe se manifeste d'âge en âge. Le globe fut repeuplé avec les types remaniés des créations précédentes.

Les mondes primitifs n'ont pas jusqu'ici d'historien; ils n'ont, pour perpétuer le souvenir de leur antique existence, que ces archives déposées dans le sein de la terre par l'événement même qui leur a donné la mort, et que la science appelle aujourd'hui ossements fossiles.

Ce qui se montre dans ces archives vénérables du globe, ce qui éclate encore mieux par la réflexion, c'est la persistance et l'unité des existences végétales ou animales à travers d'incroyables variations de formes, qui troublent et dénaturent les choses en apparence, qui, en réalité, conservent tout. Les êtres paraissent se détruire; ils changent.

Ainsi, les mondes oubliés par Moïse, ou laissés à dessein dans l'impénétrable nuit des âges, avaient déjà modifié plusieurs fois la structure primitive des êtres organisés, pour l'approprier aux changements séculaires du globe terrestre, quand la main de Dieu s'étendit de rechef sur les continents submergés. Ce ne fut point des êtres nouveaux, mais bien des êtres renouvelés qui se montrèrent alors pour consoler la solitude de la terre. Le naufrage de la vie, dans le passage douloureux d'un monde à un autre, avait bien pu engloutir les êtres par milliers; mais il n'avait pas éteint en eux la force réparatrice en vertu de laquelle ces êtres naissent, meurent et renaissent perpétuellement.

III.

De la croyance à de nouvelles révolutions terrestres.

Les naturalistes, les philosophes, les politiques raisonnent, comme si le globe terrestre étant dans sa période stationnaire, il ne devait jamais être rien changé à l'état présent des choses. Cette opinion n'a point été partagée par les sages de tous les temps. Pour peu qu'on remonte dans les traditions de l'Orient, on retrouve distinctement dans les monuments et les livres sacrés, une secrète terreur des bouleversements de la nature. Les anciens avaient peur de notre planète ; ils craignaient que toute la Création ne vînt encore une fois à sombrer, avec l'homme, dans une nouvelle tempête géologique.

Il s'est écoulé très peu de temps depuis le grand cataclysme qui a précédé une des dernières renaissances du globe — six ou huit mille ans, tout au plus.

Que le globe remanié, dans sa structure intérieure et extérieure, par cette catastrophe, qui a préparé l'avènement de l'homme, ait maintenant reçu toute sa perfection, il est permis d'en douter. Les anciens ne l'ont pas cru. Les déluges et les autres convulsions terrestres, dont ils avaient pour ainsi dire ressenti les dernières secousses, leur faisaient supposer que des mouvements semblables pourraient se rencontrer dans l'avenir avec les mêmes conséquences. De là, le pressentiment presque universel de la fin du monde.

Au moment où Jésus-Christ parut dans un coin de la Judée, l'idée d'un désastre géologique, suivi d'une nouvelle rédemption des êtres, se mêlait, par toute la terre, à cette vague attente d'un sauveur, qui tourmentait les esprits d'élite. On la retrouve dans Virgile, qui probablement l'avait puisée dans les mystères de Cérès. Les trois épreuves que l'on faisait subir à l'initié, par le feu, l'eau et l'air, contenaient un emblême des trois agents créateurs qui avaient concouru, dans l'origine, au perfectionnement des mondes, et qui, selon toute vraisemblance, devaient encore purifier notre globe.

Les quatre évangélistes se montrent très-préoccupés de cette fin prochaine des choses; saint Mathieu en est convaincu jusqu'à la terreur; on touche déjà, par son récit, au nouveau sinistre qui doit replonger notre planète dans les ténèbres de la mort. Saint Pierre annonce une révolution future dont le feu sera le principal agent, et qui donnera à notre monde une nouvelle face. Le vieux saint Jean assiste, l'œil plongé dans une vision douloureuse, et la sueur froide sur le front, à cette lente défaillance du globe, que remplaceront bientôt de nouveaux cieux et une nouvelle terre.

Cette croyance se prolonge dans l'humanité; elle reparaît à certaines dates avec des signes inquiétants. L'an mil, les chrétiens qui peuplaient la terre se préparent à s'ensevelir dans le sépulcre de toute la nature. Ce sont des tremblements soudains et des angoisses infinies. Il semble aux yeux malades que le soleil a déjà perdu sa clarté, que les étoiles du ciel se détachent, et que la terre fuit sous les pieds. Tous les travaux sont suspendus : à quoi bon construire des édifices, quand la terre ne sera bientôt plus qu'un tombeau? On porte par avance le deuil de ce globe moribond qui se voile lui-même la face avec désespoir dans les plis de son linceul!

Ces terreurs se calment avec le progrès des lumières; mais l'idée d'un renouvellement futur, d'une succession nouvelle des êtres, persiste dans l'esprit humain. Des penseurs continuent à se demander si les choses sont fixées sous la forme où nous les voyons paraître; si la création terrestre est bien terminée à l'homme; si l'homme ne doit pas revêtir sur le globe des organes nouveaux, ou, transporté plus tard dans une autre sphère, céder la domination de notre planète à un des animaux perfectionnés qui l'habitent maintenant avec lui?

Il est à croire que si des révolutions doivent encore modifier l'économie des choses à la surface du globe, ces révolutions seront moins violentes et moins tempétueuses que celles qui ont très-anciennement marqué par toute la terre d'ineffaçables ravages. A mesure que la nature avance, les forces régénératrices des êtres déposent ce caractère destructeur qui glaçait d'épouvante l'imagination des premiers chrétiens. Les sombres traditions des premiers âges du globe ont dû déposer dans l'esprit humain l'idée de nouveaux cataclysmes, dont le résultat devait être de changer l'état présent de notre monde en un état futur. Nul ne peut dire que ces cataclysmes n'éclateront pas ; mais il nous semble plus conforme aux desseins du Créateur d'abréger, selon les paroles du Christ, ces jours d'épreuves. La dernière crise du globe devra surtout être une crise morale, accompagnée sans doute de tressaillements et de signes matériels. Cet évanouissement d'un monde sera le passage douloureux des êtres à une vie nouvelle ; ce sera un des moyens régénérateurs, prévus de toute éternité par l'auteur de la nature, afin que la Création se succède à elle-même, sans s'épuiser.

IV

Des motifs qui rendent ce renouvellement très probable.

Si la nature paraît aujourd'hui stationnaire, c'est qu'elle a épuisé la série de ses premières transformations ; encore l'action de l'homme et des sociétés sur le règne organique donne-t-elle lieu à une suite de mouvements dans l'économie végétale ou animale, qui, pour être moins rapides et moins tumultueux que les mouvements de la vie dans les mondes primitifs, n'en sont pas moins très appréciables. Les plantes et les animaux sont, sous la forme actuelle des choses, capables de perfectionnement. Le progrès de l'instinct chez les êtres inférieurs est une suite des progrès de l'intelligence chez l'homme.

Le genre humain, sans changer radicalement les lois ni les conditions de sa nature, a sensiblement modifié depuis son avènement sur le globe, et modifie encore tous les jours la forme de ses organes. Les races se sont transmises, en se succédant, les germes d'un progrès physique et moral qui se continue. Les générations se lèguent les unes aux autres une matière humaine perfectionnée. L'éducation donne aux sens des facultés spéciales qui sont peut-être dans la nature, mais qui ne se montreraient jamais sans l'exercice. Il y a l'œil du peintre, l'œil du naturaliste, l'œil du plongeur, l'œil du géomètre, autant de modifications des organes de la vue, produites par l'habitude, les connaissances et les opérations les plus ordinaires de l'esprit. On peut dire que dans ce cas, comme dans beaucoup d'autres, l'homme a déterminé par artifice une seconde création du sens.

La limite de ces changements est-elle fixée à l'état actuel du globe par la constitution organique des êtres? probablement non.

Les imperfections de la nature, dans l'état actuel de la vie, ne sauraient être masquées par quelques sophismes. Les docteurs catholiques, de meilleure foi que nos philosophes, ont voulu expliquer ces imperfections par le dogme de la déchéance. A les en croire, le premier homme aurait entraîné, non-seulement sa race, mais encore toute la nature dans les conséquences de sa faute; les éléments, les plantes, les animaux auraient, pour ainsi dire, péché en Adam, et seraient tombés avec lui. Il y a du moins dans cette croyance l'aveu d'une imperfection qui s'étend à tous les êtres créés.

Sans parler de l'homme, dont les aspirations et les désirs ne sont point en rapport avec l'état faible et borné de ses organes, toutes les créatures se montrent sujettes à des défectuosités. A la vue de ces privations de l'être, on se demande si les choses visibles doivent demeurer toujours comme elles paraissent aujourd'hui, ou bien si elles sont suspendues seulement pour un temps à la forme présente. C'est une question qui mérite au moins d'être posée.

Chez les anciens, la destination future de l'homme se liait à une idée de révolution géologique.

Nous retrouvons dans toutes les croyances religieuses la trace d'un enfer; cet étang de flamme est une des images dont on se servait dans les antiques mystères d'Isis pour représenter les transformations dévorantes de la nature. Le feu a été, en effet, dans l'origine, un des ministres les plus redoutables du Dieu créant; c'est à son action que nous devons l'existence de ces puissantes roches granitiques, vastes ossements de la terre. L'existence du feu central, conservé dans toutes les traditions, et dont les prêtres de tous les cultes ont fait la matière des châtiments éternels, est, comme on voit, une réminiscence géologique. On a imaginé le feu pour la punition des méchants, parce que le feu avait été l'élément mortifiant de la vie sur le globe.

L'heure d'une transformation, si elle doit avoir lieu sur la terre, est inconnue sans doute ; les premiers chrétiens en faisaient un mystère caché dans les profondeurs de la sagesse divine ; ce changement arrivera quand les êtres créés, l'homme en tête, ayant épuisé la série des progrès limités par leurs organes, il sera besoin d'une nouvelle révolution dans la forme présente des choses, pour que l'homme et les animaux s'élèvent à une existence plus parfaite.

Si les animaux qui peuplent aujourd'hui la terre sont, comme nous l'avons dit, les dépouilles vivantes des différentes formations que le principe de l'être a traversées pour arriver du zoophyte à l'homme, pourquoi ce principe s'arrêterait-il, quand toute la nature aspire douloureusement à une nouvelle forme de vie? Le monde que nous habitons est en gémissement et en travail ; une vaste mélancolie s'étend sur les êtres doués de connaissance et de mouvement ; chaque créature est pour ainsi dire en mal d'une création nouvelle.

Le principe de la renaissance réside en tout ; seulement ce principe est masqué, dans l'état présent des choses, par les conditions mortelles d'une nature inférieure. Tous les progrès ne se révèlent dans le monde que par le concours des circonstances extérieures ; quand ces circonstances manquent ou avortent, les germes ne se manifestent pas. Ainsi, tout ce qui respire maintenant sur la terre contient le germe d'une existence perfectionnée, qui attend pour se développer un changement dans l'univers.

L'attente du dernier jour est souvent comparée dans les Ecritures à l'état d'une femme grosse; c'est, à vrai dire, l'enfantement d'un état de choses perfectionné qui existe déjà en germe, mais que l'avenir fera paraître.

Dans ce germe, que nous appellerions volontiers le commencement de l'être nouveau, réside indéfiniment le mystere de la régénération des espèces. Habituons-nous donc à voir dans le règne organique des formes provisoires qui s'usent et des forces invisibles qui croissent pour une rénovation future. Les bouleversements de la nature interviennent ici comme moyens auxiliaires. De même que le progrès historique a besoin d'être activé dans son cours par ces grands cataclysmes qu'on appelle les révolutions ou la chute des empires, de même le progrès naturel irait trop lentement sans ces grands mouvements du globe qui troublent tout, mais qui, sous une apparence de ravages, donnent aux changements de l'organisme le moyen et la volonté de se produire.

V

De la nature et de la portée de ce changement.

Ce qui existera un jour existe déjà en germe, célé dans la profondeur de nos organes. La mort dernière, qui doit détruire toutes les formes créées, ne fera que découvrir ce qui était masqué par les conditions présentes de la vie. Il faut, en effet, que la partie inférieure et imparfaite des êtres soit absorbée pour que la partie supérieure se dégage; de là cette nécessité de mourir. Ce qui vit peu et ce qui n'attend guère de changement, meurt peu; témoins ces mousses séculaires qui se perpétuent sans altération jusques dans nos herbiers. L'homme, par l'étendue de ses sentiments et de ses attaches, est de toute la nature celui qui meurt le plus.

C'est surtout dans nos organes rudimentaires, dans nos sensations fugitives et, pour ainsi dire, ébauchées, que réside le germe impérissable de nos transformations à venir. C'est dans le cerveau et dans le grand sympathique, siége mystérieux de certains pressentiments vagues, de sourdes révélations, d'émotions délicates et obscures, que nous paraît surtout se cacher la racine de la perfectibilité future de l'homme.

Tel est du reste l'admirable enchaînement des parties au tout, que l'idée d'une réparation des êtres entraîne celle d'un changement complet dans l'ensemble de leur organisme. Le cerveau de l'infirme répond actuellement à son infirmité; ouvrez l'oreille du sourd-muet, la place du mutisme n'en subsistera pas moins dans la partie du cerveau qui correspond aux sensations auditives. D'où l'on voit que, si l'opinion des palingénésistes est vraie, la forme caduque des êtres et de l'homme en particulier sera modifiée un jour de fond en comble par le renouvellement qui se prépare, et dont les signes nous sont encore inconnus.

L'art est un essai de la résurrection des choses. Non seulement il fait passer dans le marbre ou sur la toile les traits de ce qui s'évanouit dans la nature; mais encore il donne à tout ce qui a vécu une seconde forme en rapport avec l'idéal de l'artiste. Les images, les portraits tracés par une main magistrale sont, sous ce rapport, comme les prémices de la renaissance future des êtres.

Le changement n'aura pas lieu seulement dans la forme ; il s'étendra aussi dans la substance. La matière humaine, quoique égale, est loin d'être la même, dans l'état actuel des choses, chez toutes les personnes. L'éducation, la race, le sexe varient infiniment les qualités du sang et les éléments de la vie. La civilisation donne, pour ainsi dire, aux organes des molécules perfectionnées.

La comparaison si philosophique de saint Paul, relativement à la diversité d'éclat qui règne parmi les corps célestes, le soleil, la lune, les étoiles, est applicable aux corps humains. Toute chair n'est pas la même chair; celle-ci est transparente, celle-là compacte et argileuse. Il y a, nous disait un grand statuaire, notre ami David, certaines femmes qui brillent d'un éclat particulier, comme si leur chair était pétrie avec de la poussière de marbre ou de diamant. La lumière que versent autour d'elles, même pendant les ténèbres, ces créatures privilégiées, forme souvent, ajoutait-il, une opposition frappante avec l'obscurité terreuse des corps vivants qui les environnent.

Si l'ordre naturel des choses doit être remplacé sur

le globe, et nous avons donné les motifs qui rendent cette transformation comme probable, le travail de perfectionnement qui a pour objet de revêtir nos corps matériels de certaines propriétés moins grossières, sera continué et accru dans la suite des temps. La nature a enté présentement les jouissances les plus recherchées et les plus délicates sur nos organes les plus vils. Les palingénésistes sont fondés à espérer que l'avenir changera la constitution physique de l'homme en même temps que ses facultés morales. L'état qui suivra doit transporter ces mêmes jouissances dans le siége de l'âme et dans les membres spirituels qui lui serviront de satellites. On connaît les incroyables efforts de l'Eglise, au moyen-âge, pour revêtir ses adeptes d'un corps mortifié. Les macérations et les jeûnes révélaient dans les cloîtres la pensée constante de spiritualiser la chair, pensée qui se lit à chaque instant sur les toiles religieuses des maîtres primitifs. Cette pâleur, cette *morbidezza*, cette chair angélisée, *angelificata caro*, qu'est-ce? sinon un avant-goût de l'immortalité.

L'organisme humain ne sera pas le seul théâtre des changements survenus dans les lois présentes de la vie. C'est par amour-propre que l'homme a tout d'abord limité à sa race les conditions de l'immortalité : tout ce qui vit est appelé à revivre.

L'homme seul a le privilége d'entrevoir cette renaissance future; d'où il a conclu, son orgueil aidant, que seul il était destiné à franchir l'abyme d'éternelle nuit dans lequel toute la nature, autour de lui, s'engloutit de moment en moment. La question de savoir si les animaux participeront à cette vie future ne fait pas pour nous l'objet d'un doute. Ce que ces plantes et ces animaux seront un jour ne paraît pas encore ; mais le germe de tous ces changements invisibles n'en est pas moins déposé, dès maintenant, dans leurs organes.

Le dogme de l'Eglise, en condamnant toute la nature à finir, et en n'exceptant de cette sentence que l'homme seul, altère profondément l'idée que nous nous faisons d'une nouvelle terre et de nouveaux cieux. La vie promise à nos esperances n'est que la vie présente, reconstituée sur ces principes de justice et de perfectibilité organique dans la matière, qui forment pour nous, dès ce monde-ci, l'idéal du bonheur.

La grande révolution géologique dont nous attendons notre développement final, n'aurait point de sens, si elle n'enveloppait toute la nature. La vie future ne serait pas un bien si l'homme n'y transportait le germe de tout ce qu'il a vu et aimé sur la terre, durant ses existences antérieures. Nos affections doivent nous suivre sur le globe régénéré. L'Eglise, en rejetant dans les froides ténèbres du néant tout ce qui n'est pas l'âme humaine, réduit beaucoup trop l'immortalité. D'où la défense absolue de ne point contracter des liens sur lesquels le temps et la destruction étendent leur empire. Selon les docteurs catholiques, les habitants du même globe, les membres de la même famille doivent à peine se reconnaître à la fin des siècles, confondus qu'ils seront dans l'immensité de Dieu. Cette manière d'envisager les suites de la fin du monde est contraire au bon sens et aux traditions du genre humain. La destinée de l'homme, à travers toutes les évolutions et toutes les reprises de son existence, est de puiser en Dieu, jusqu'à l'infini des temps, une vie distincte de Dieu.

Le monde actuel, avec tous ses habitants, participe aux changements qui sont prédéterminés, depuis l'origine des choses, dans les mystères de la création.

Aujourd'hui, le globe étale partout, à sa surface, les traces de son imperfection. L'homme n'a pas encore pris possession de son royaume terrestre; il ne s'est pas établi en maître sur sa planète. Son action a pourtant déjà modifié les forces aveugles et sauvages de la nature. De siècle en siècle il humanise les climats, adoucit les contrées farouches et civilise les éléments. Cette influence de l'être moral sur la matière est capable de développements prolongés. La lente puissance de l'homme et des sociétés enlève le venin aux reptiles, le poison aux herbes malfaisantes, aux épidémies le souffle humide de la mort. Un peu plus, elle fondrait les mers de glace, elle arrêterait le cours des vents impétueux, elle commanderait aux nuages du ciel et aux rayons du soleil.

Enchaîné aux lois actuelles de l'univers et aux forces dont l'homme dispose sur le globe, ce progrès ne saurait néanmoins donner aux êtres créés toute la perfection future, s'il n'était secondé par des agents ultérieurs que la nature tient, sans doute, en réserve. Le résultat du prochain remaniement de la vie devra être d'amener des changements considérables dans le calorique et dans la lumière. C'est par suite des bouleversements survenus dans l'atmosphère que la respiration des premiers êtres a été transformée, et que l'ensemble de leurs organes a été atteint. Il en sera de même dans l'avenir : les changements qui attendent les plantes, les animaux et l'homme, seront une dépendance des mutations dont le monde extérieur sera frappé. Les formes particulières se trouveront toujours soumises à la forme générale que Dieu imprime aux agents modificateurs de la vie.

Concluons :

Comme il y a dans la croissance de l'homme des temps où la force motrice paraît s'arrêter, de même nous sommes maintenant dans un état de repos ; mais il ne faudrait pas conclure de cette période stationnaire des choses, que toute la nature soit désormais et irrévocablement fixée aux formes présentes. Nous croyons avoir indiqué les raisons qui militent pour l'opinion contraire. Si à un temps d'arrêt doit succéder une série nouvelle de créations, ou, pour mieux dire, de transformations, les destinées futures de l'homme et de l'humanité se trouvent nécessairement liées à l'état futur du globe. Le caractère de tels changements nous est inconnu ; mais on peut l'entrevoir par voie d'analogie, en s'appuyant sur l'étude et la connaissance des faits qui ont marqué, depuis l'origine des choses, le développement de la vie par toute la terre. Cette science constitue, si nous osons ainsi dire, la théologie de la nature.

L'humanité pense de siècle en siècle dans le cerveau de quelques hommes ; une lumière sombre et troublée se répand çà et là, toutes les fois que la main de ces hommes agite le voile qui recouvre le problème de nos destinées. De telles recherches ne sauraient pourtant être stériles. C'est par la curiosité que le fruit de la science est tombé aux mains des premiers habitants du globe ; c'est par la curiosité que l'homme étendra ses prévisions sur le monde à venir.

Dieu commence pour nous où s'arrêtent les limites de notre raison ; d'où il résulte que le progrès de la raison humaine est autant d'envahi sur la Divinité ; mais l'éternel auteur des choses voit encore avec une secrète joie cette témérité de l'homme qui s'avance sur lui, couvert de la liberté de pensée comme d'une armure.

FIN DU LIVRE PREMIER.

LIVRE II.

I

De la Naissance et de la Mort.

Abordons maintenant la question de la vie future dans ses rapports avec l'homme.

Nous n'avons demandé jusqu'ici de lumières qu'au raisonnement et à l'observation ; nous suivrons dans cette seconde partie de notre travail la même méthode. L'existence de la vie future est pour nous une vérité d'histoire naturelle. Ce que nous nous proposons, c'est de lier la physiologie à la philosophie de nos destinées immortelles.

La naissance est précédée chez l'homme et chez les animaux de tout un ordre de faits jusqu'ici mal connus, mais dont l'importance est extrême pour dévoiler à nos recherches les lois et la marche de la nature dans l'accomplissement de ses œuvres.

Est-il au-dessus de nos forces de saisir le secret de Dieu dans le passage du néant à l'existence ? Nous ne le croyons pas. Seulement nous entrons ici à pleines voiles dans une mer de conjectures. Ce néant dont on parle n'est-il lui-même qu'une illusion de nos sens, un mot vide qui accuse l'infirmité du langage humain? L'être qui se révèle sourdement dans le contact des sexes, débute-t-il sur le théâtre de la vie, ou bien continue-t-il, sous une nouvelle forme, une existence commencée ailleurs? Ces questions ne peuvent être résolues que par l'étude des faits naturels.

Qu'est l'homme à l'origine? une force et rien de plus. Le germe que les naturalistes ont analysé avant et après le mélange des sexes, ne contient, pour l'observateur, qu'un principe occulte de développements. Il existe au début de tout être vivant une puissance formatrice, en vertu de laquelle l'animal en préparation s'approprie toutes les molécules nécessaires à son achèvement futur. Plus cet être doit occuper dans les desseins de la nature une place élevée, plus cette force est grande, et plus aussi elle imprime aux éléments absorbés le caractère propre de l'individu qui se les assimile. Mais il y a ici une loi qui domine ces développements ; c'est que nul être n'occupe les degrés supérieurs de la vie, sans avoir passé, durant sa période de formation, par les degrés inférieurs. D'où il résulte que tous les êtres se touchent originairement au point de départ, et qu'ils se distinguent ensuite les uns des autres, en s'arrêtant chacun à la limite de leur énergie conformatrice. Le plus haut placé sur l'échelle du règne organique, l'homme, avant de naître, à traversé, dans le ventre de sa mère, toute la création.

Soulevons ces enveloppes et ces voiles qui protègent le travail délicat de la nature; découvrons ce nid dans lequel l'œuf humain est déposé; pénétrons dans ce laboratoire de chimie vivante où s'organisent les éléments d'une existence qui s'ignore elle-même : que voyons-nous? Ce qui me frappe, c'est une succession d'état, une mutation perpétuelle de formes qui s'engendrent les unes des autres. Durant les premières semaines qui suivent la conception, on observe dans le germe fécondé des incarnations successives de types, qui appartiennent d'abord à l'animalité la plus basse, puis qui se rapprochent successivement de l'homme. Après un certain temps le dessin général de l'être est tracé ; ce qui n'empêche pas que le travail de métamorphose ne se continue çà et là sur certains appareils, qui deviennent alors le théâtre des changements les plus extraordinaires. L'homme, dans sa période embryonnaire, recommence le règne animal; ses organes parcourent les modes d'existence qui se montrent dans les couches inférieures de la nature. D'abord, c'est quelque chose d'informe et de vague, le chaos de l'être ; puis à cet état confus succèdent des ébauches qui, dans leur transition rapide, esquissent graduellement toutes les formes animales. La respiration, transportée successivement à divers appareils, avant de se centraliser dans le poumon de l'enfant, montre tout ce qu'a d'éphémère et de provisoire l'économie primitive des êtres. Il en est de même des autres fonctions qui changent aussi plusieurs fois d'aspect et de siége. La nature supplée transitoirement chez l'homme à l'imperfection des organismes naissants par des moyens simples et élémentaires, dont on retrouve la trace permanente dans les régions les plus humbles et les plus obscures de l'animalité.

Les rapports entre les premières formations de l'homme et les très-anciennes formations du globe, entre l'embryogénie et la géogénie, sont partout visibles. Comme le monde s'est fait l'homme se fait. L'être passe, ainsi que le globe terrestre à son origine, de l'état gazeux à l'état liquide, et de l'état liquide à l'état solide. Des créations nouvelles qui se superposent continuellement aux anciennes, amènent ensuite l'organisme d'un ordre de choses très-simple à un ordre de choses très-compliqué. Les apparences animales glissent comme un souvenir sur l'organisation de l'homme embryonnaire, et cela dans leur ordre d'apparition à l'origine des choses. Les animaux sont sur le globe les représentants des divers départements de la vie à la grande assemblée de la nature ; ce congrès organique se tient, pour ainsi dire, dans l'embryon. Une rénovation perpétuelle de formes détache un à un, quoique fugitivement, tous les grands types qui existent à la surface de la terre. Les mêmes organes parcourent, comme dans l'échelle animale, différentes fonctions, dont les unes s'abolissent à la naissance, dont les autres se continuent, mais transfigurées. Cette évolution de caractères, qui s'usent et se remplacent par degrés, a pour résultat d'amener le germe du point de départ le plus infime, de la simple vésicule, à la dignité constitutive de l'homme.

La naissance marque pour le fœtus une révolution, en tout semblable à celle qui fit passer le monde antédiluvien d'un état parasyte et enveloppé à l'état libre. Le dernier cataclysme amena pour le globe une ère de détachement; toute la nature végétale et animale a trouvé, dans les agents qui bouleversaient les lois uniformes de l'atmosphère, des éléments nouveaux d'indépendance; cet événement a dessiné l'individualité de notre planète et des créations qui s'y trouvent liées. Il est difficile, au reste, de concevoir dans la vie du globe terrestre un passage plus violent que celui des êtres animés, au moment où ils s'échappent des ténèbres et des racines de l'utérus, pour apparaître à la lumière. Les conditions respiratoires de l'embryon bouleversées, les liens qui retenaient le jeune être à une existence communiquée, brisés sans retour, les fonctions provisoires de la vie utérine remplacées par d'autres fonctions qui n'auront elles-mêmes, dans l'enfance, qu'un temps d'existence et de durée, quel spectacle!

Après la naissance, les changements sont moins rapides et moins profonds que dans la période intra-utérine; et cependant encore quelle métamorphose d'organes! quelle série d'états qui se suivent et qui s'effacent! que de caractères propres à l'enfance qui ne se rencontreront plus dans l'âge adulte! Nous laissons derrière nous, dans ce mouvement de transformation et de croissance, plusieurs figures, plusieurs organismes, plusieurs manières d'être physiques et morales, qui ne se retrouveront plus. Sous notre existence présente sont, comme enfouies, des existences antérieures, auxquelles nous nous rattachons par un vague souvenir; souvent même ce souvenir n'existe pas. Une loi de rénovation préside à la couleur de nos cheveux et de notre peau, à l'air de notre visage, à la nature même de nos sentiments et de nos idées. Comme le globe terrestre, qui, sous une apparence d'éternelle virilité, porte intérieurement la trace des anciennes créations mortes et des états successifs qu'il a traversés; de même nous contenons déjà dans l'âge mûr les dépouilles, et, si nous osons ainsi dire, les fossiles des différents âges que nous avons parcourus. Ces impressions dorment en nous; elles reparaissent quelquefois çà et là, quand le souvenir fouille tristement dans les profondeurs ténébreuses de notre être.

On éprouve un mélancolique sentiment à considérer ces portraits tracés dans l'enfance par la main de l'art, et dans lesquels on cherche vainement sa ressemblance. Cette forme a été la nôtre, elle ne l'est plus. Nous sommes étrangers à ces traits délicats, ou plutôt ces traits, qui nous ont appartenu, sont désormais étrangers à notre personnalité. Cette peinture, autrefois calquée sur la vie, est aujourd'hui l'empreinte de la mort.

Il vient un âge où la constitution est plus stable en apparence ; l'homme paraît arrêté à des caractères qu'il conserve immobiles durant quelques années ; mais, au sein même de cet état stationnaire, que de changements ! que de variations ! Les molécules qui occupent une place dans nos organes n'ont qu'un temps d'existence fort limité ; ce temps passé, ils s'usent et sont remplacés par d'autres molécules qui disparaîtront à leur tour. Une loi de rénovation septenaire entrevue par Bichat et remise dernièrement dans la science par M. Frère, condamne non seulement les éléments matériels de notre être, non seulement les formes de nos organes, mais encore la nature de nos facultés et de nos sentiments, à une véritable mort, qui amène de sept ans en sept ans une renaissance physique et morale de l'homme.

A l'âge mûr succède l'âge de décadence ; c'est alors que les mutations reprennent un caractère frappant. Les cheveux changent de couleur et tombent ; le visage se dénature ; quelques-uns de nos sens s'abolissent. La mémoire s'obscurcit avec la vue qui se trouble. Il y a perte, non seulement des formes sous lesquelles nous sommes habitués à nous connaître, mais encore des facultés intellectuelles et morales que nous considérons à bon droit comme intimement liées à notre personnalité même. Cette ruine de l'être n'est d'ailleurs pas sans compensation ; au sein du dépérissement général des forces, de sourdes énergies se révèlent. Il y a des vieillards d'une lucidité particulière, qui touche aux mystères de la seconde vue.

Si l'on nous a suivi avec quelque attention, on a vu qu'avant et après la naissance, la vie n'était qu'une succession d'états, liés les uns aux autres, mais soumis à des changements perpétuels. La mort, sous ce rapport, ramène les choses au point de départ. L'homme emporte, en sortant de cette vie, ce qu'il y apporte : un germe.

La grossière incrédulité de certains matérialistes se fonde sur ce que, à la mort, on ne voit rien se dégager du corps qui s'éteint. Ce n'est point là une raison solide pour nier l'immortalité. A peine si, au début de ses formations, le germe est visible pour nos faibles organes, aidés même de la puissance des instruments microscopiques. Avant l'invention de ces instruments, le germe mâle et femelle nous était à peu près voilé. Qu'est-ce que l'homme même, après la fécondation qui lui a communiqué un commencement d'existence? un point vivant, un rien. Il faut d'incroyables efforts pour pénétrer dans la structure de cette chose si fabuleusement petite. Je reconnais ici l'extrême économie de la nature qui produit de nombreux et admirables ouvrages avec très-peu de substance animée. L'immensité de Dieu paraît justement dans ces concentrations de l'être par les merveilles de petitesse et d'exiguité dans la matière que le Créateur y a primitivement cachées.

La mort est un second état fœtal. Que fait l'enfant enveloppé dans les organes de sa mère? Il dort, il rêve la vie. Un pareil sommeil d'enveloppement et de recueillement est celui qui attend l'homme au sortir de cette existence agitée. L'embryon plongé dans les limbes et le silence de la vie intra-utérine, sans mouvement, sans action extérieure qui révèle sa volonté, est une image de l'état occulte auquel nous retournons dans la mort; et qui précède la renaissance des choses. Cette suspension plus ou moins longue de l'activité humaine, cet engourdissement de l'être redevenu invisible, n'est point, comme nos sens nous le persuadent, un anéantissement : c'est la limite intermédiaire des transformations de la vie.

La mort étant, si l'on ose ainsi dire, l'embryogénie d'un nouvel ordre de choses, il s'ensuit que la mort n'est point un état hétéroclyte auquel rien de connu, rien d'analogue ne nous ait déjà préparés. Il y a, au contraire, comme nous l'avons vu, dans toute existence d'homme, plusieurs décompositions et plusieurs recompositions de la vie.

Le visage change plusieurs fois de caractère; les traits se dessinent ou s'altèrent avec les années; toutes les formes animées sont soumises à des renouvellements perpétuels. Nous parcourons ainsi plusieurs destructions partielles de notre être; nous mourons en petit. Une seule chose nous soutient au-dessus de l'abyme de destruction sur lequel nous pendons par tant de côtés, c'est le lien de la mémoire, la perpétuité du moi. Nous nous souvenons d'avoir été enfant, quoique les traits et les sentiments de notre enfance soient abolis pour jamais. Nous renouons par l'identité du souvenir les anneaux de notre existence si variée, si souvent étrangère à elle-même. La mort ne serait-elle aussi qu'un changement plus profond, lié à une reconstitution plus intime de l'âme et du corps?

Loin d'être un fait tranché qui sorte de toutes les lois prévues, la mort est à peine quelque chose de positif; la mort est, comme la vie, une apparence, une simple antithèse, dont je défie tous les naturalistes de fixer exactement les termes. L'existence suppose en effet une continuelle altération de la matière. Nous périssons chaque jour et à chaque heure par les innombrables molécules qui se détachent sans cesse de notre organisation animée, et qui retombent, relativement à nous, dans le néant. Il est vrai que ces pertes se réparent continuellement par la nourriture, par l'absorption des fluides et par le secours d'autres agents physiques; mais qui nous dit si la mort n'a pas comme la vie ses moyens de réparation naturelle? La catastrophe qui termine nos jours ne diffère donc des phénomènes ordinaires de l'existence que par une intensité plus grande. C'est un changement d'état, une manière d'être nouvelle, à laquelle l'âme se rattache, comme elle demeure fixée, durant la vie, aux métamorphoses silencieuses des organes. Ce que l'Eglise nomme, dans un langage mystique, la résurrection, n'est donc qu'une production nouvelle de l'être, qui, après être rentré, un certain temps, dans le sein fécond de la nature, en sort plus vivant et transformé.

II

Du Sommeil.

Tout ce que nous savons de la continuité des phénomènes de l'univers s'oppose à l'idée d'un brusque changement. La nature ne nous offre dans ses opérations successives rien qui ne soit préparé ; l'enchaînement des êtres et de leurs rapports est un fait reconnu: comment cet ordre admirable viendrait-il à s'intervertir tout à coup devant la mort? Ce qui ajoute beaucoup aux terreurs du dernier jour, c'est l'idée surnaturelle que nous nous faisons des suites de ce passage ténébreux. Si nous écartions du lit funèbre les ombres et les fantômes d'une imagination troublée, nous ne verrions rien que de nécessaire dans ce brisement de la vie. Les lois qui président à l'existence actuelle sont suspendues et modifiées par la mort, non renversées. L'âme ne saute pas violemment de ce monde-ci à un monde inconnu, où toutes les relations du temps soient tout à coup bouleversées. Encore moins se trouve-t-elle face à face avec l'Invisible, l'Infini, l'Incompréhensible, qui l'obsède de sa formidable présence. Eloignons de la mort ces idées de prodige qui nous empêchent de la considérer telle qu'elle est.

La mort est une illusion de nos sens ; elle ne termine

pas plus l'ordre des phénomènes de la vie que la disparition subite de certains fleuves n'interrompt leur cours. La masse des eaux s'engloutit dans la terre comme l'existence humaine s'abyme dans les profondeurs du mystère de la régénération ; mais la vie reparaît plus loin, accrue des développements que le silence lui a donnés. Il y a pourtant ici une lacune ; la mort est un temps d'arrêt et de repos entre deux existences. Que se passe-t-il dans cette période intermédiaire ? L'obscurité enveloppe toutes les opérations de la nature : comment à plus forte raison un voile épais ne couvrirait-il pas la main qui travaille à organiser dans la mort les éléments d'une existence nouvelle ? Le mystère est ici lié aux rapports de l'âme et du corps, rapports qui nous sont inconnus, même dans la vie présente. L'idée générale que les peuples attachent au tombeau et qui a passé dans toutes les langues, est une idée de sommeil. Analysons cet état dans le cours ordinaire de la vie, et voyons quels traits de ressemblance il présente avec la mort. Le sommeil est dans l'état présent un temps d'incubation pour les facultés de l'âme et notamment pour la mémoire (1).

L'âme s'accroît par le sommeil ; les pensées couvent dans cet état d'inactivité apparente et se présentent au réveil comme toutes faites par le travail de la nuit.

(1) Etant au collége, je ne pouvais rien apprendre par cœur si la nuit n'avait passé sur ma leçon étudiée. Aujourd'hui encore une simple lecture, faite le soir avant de fermer les yeux, grave dans ma mémoire les principaux traits d'un passage écrit que je veux retenir

Les langues, ces monuments profonds de la sagesse humaine, ont ainsi consacré l'excellence des dispositions que l'âme revêt dans le repos de la nuit et qu'elle retrouve en revoyant la lumière (1). Il y a peu de criminels qui échappent à la moralité du réveil ; les premières pensées de l'homme qui lui viennent alors sont rarement pour le mal.

Les facultés se délient dans les rêves ; c'est au sortir d'un profond sommeil que, selon le récit de la Bible, le premier homme découvrit la femme.

Nous pouvons maintenant nous faire une idée des rapports qui existent entre le sommeil et la mort. La mort est un enveloppement, suivi d'un état de développement inconnu et mal interprété jusqu'ici. L'âme, séparée de son ancien corps et n'ayant point encore achevé la formation de son organisme nouveau, reste quelque temps inactive et comme morte sous la main de Dieu. C'est dans cet état d'engourdissement qu'elle élabore les éléments de sa perfectibilité future. Elle dort. Quelle est la durée de ce sommeil, c'est ce que nul ne peut dire, et sur tous les points où le raisonnement échoue, il faut être sobre de conjectures. Comme il y a plusieurs vies, il doit y avoir, pour l'homme, plusieurs morts : ces morts ne sont que des sommeils entre des existences finies et des existences qui recommencent.

(1) Nous disons de *bonne heure* pour dire au matin ; comme si les premières heures qui suivent le réveil avaient sur les autres heures de la journée une supériorité reconnue.

Dieu attire, en effet, les êtres par une succession d'états, coupés d'intervalles et de repos; il les attire en vertu de cette force magnétique dont l'influence se fait sentir d'un monde à l'autre, *rerum centralis magnes.*

Toutes les manières d'être de l'âme qui ont des liens avec le sommeil en ont aussi avec la mort. Les affections du système nerveux, soit naturelles, soit déterminées par artifice, qui plongent l'être pensant dans un état particulier, voisin de l'extase, sont comme des avant-goûts et des essais de l'immortalité. C'est une illusion familière aux fumeurs d'opium et aux mangeurs de haschich que celle de voler dans le bleu. La plupart des sorcières déposaient aussi devant les cours de justice qu'elles se sentaient emportées dans l'espace avec la légèreté d'une plume. A qui n'est-il pas arrivé, même dans le sommeil ordinaire, de croire fendre les airs en rêvant? Il est difficile de ne point établir un rapprochement entre ce qui se passe durant le sommeil, et la propriété que les traditions orientales attribuent aux corps glorieux, de nager dans l'espace. Si l'absorption de quelques substances suffit à réduire pour nous le sentiment de la pesanteur, pourquoi, les lois actuelles de gravitation étant détruites, l'homme ne serait-il pas doué, un jour, de cette faculté de locomotion aérienne? Ce qui est maintenant illusion deviendrait alors réalité. N'y aurait-il point en effet une secrète jouissance à traverser d'un vol tous les milieux? S'il en était ainsi, il faudrait admettre que certains breuvages, souvent même un peu de fumée, ont pour étonnant effet de dégager passagèrement la partie éthérée de notre nature, le germe de notre second corps.

D'autres états analogues offrent également des rapports avec les caractères présumés de la vie future, tels que l'hystérie et la catalepsie. L'être se conserve à l'état latent durant certaines somnolences qui présentent tous les traits de la mort. Des léthargiques ont dit avoir trouvé, durant cette suspension apparente de la vie, des sens nouveaux, plus actifs et plus déliés que les sens dont notre corps mortel est pourvu dans l'état ordinaire. Le retour à la vie (comme nous disons dans notre langage imparfait) était au contraire pour eux un retour à la privation de l'être et à une sorte de néant.

Le sommeil lucide, auquel le magnétisme donne naissance, est comme une esquisse et une ébauche de notre perfection à venir. L'individu, plongé dans cet état, revêt passagèrement des yeux et des oreilles célestes. A l'aide peut-être des sens incorruptibles, renfermés dans nos sens périssables comme dans un étui, il saisit une foule d'impressions et de connaissances que nos sens éveillés n'atteignent pas. Le principe moral de l'être, masqué dans l'état actuel des choses par l'imperfection des organes auxquels il est lié, semble agrandir tout à coup ses rapports avec le monde extérieur. Il franchit les limites de l'espace et du temps. Il découvre ce que les autres yeux ne découvrent pas; il entend ce que les autres oreilles n'entendent pas. Mort le plus souvent aux contacts qui l'avoisinent, il développe, sous une apparence de sensibilité éteinte, une nouvelle manière d'être, plus clairvoyante et plus étendue que la nôtre. Dormir, pour lui, c'est voir.

L'état qui suit immédiatement la mort est un état de repos ; mais, au sein de ce repos et de ce sommeil, s'opère un travail de reconstitution physique et morale de l'être.

III

Que l'homme étant esprit et corps, l'immortalité doit être double.

Un principe immortel se dégage de nos organes en dissolution ; mais quelle est la nature de ce principe ? Si nous en croyons les philosophes, l'esprit seul survivrait à la matière.

A nos yeux, un système de résurrection qui néglige le corps pour l'âme est un système incomplet : ce n'est ni le corps, ni l'âme en particulier qui doit survivre à la mort, c'est l'homme.

Nous avons contracté avec la matière des liens qui touchent non seulement aux relations de la vie animale, mais encore au travail de la pensée ; ces liens délicats doivent suivre l'âme dans le passage de notre existence grossière à une existence transfigurée. Renaître seulement dans notre âme, ce ne serait renaître qu'à moitié. La mort soustrait au cerveau un inconnu, *quid ignotum* : cet inconnu est à la fois esprit et matière. La substance que la mort tue en nous, c'est la substance grossière, palpable, inférieure : la chair et le sang ; mais le corps actuel masque des principes organiques plus déliés, dont le développement est réservé à l'état futur des êtres. Nous en finissons au dernier jour avec ces molécules voyageuses, qui ne nous appartiennent pas en propre, puisqu'elles ont appartenu à d'autres corps vivants. Que les conditions étrangères à notre personnalité cessent devant la mort, je l'admets volontiers ; mais cet admirable mécanisme du cerveau qui incorpore à l'âme du savant la création tout entière ; mais ce système délicat d'organes qui porte sur nos sens l'ébranlement silencieux d'une idee, non, tout cela ne saurait périr sans laisser de trace. La perfection spirituelle est inséparable d'une perfection organique dans l'état présent et dans l'état futur. La mort est un acte naturel par lequel l'individu se résume, un phénomène qui réduit l'être à sa plus simple expression, en lui enlevant, du moins en partie, les conditions d'une matière vivante, dans laquelle il pensait, sentait et voulait. Ce que l'homme retient en mourant de cette matière, nul ne peut le dire ; mais il est hors de doute qu'il en retient quelque chose.

L'âme emporte avec elle, à l'état de germe, la partie la plus subtile de la substance corporelle, celle qui a été spiritualisée, vivifiée par le contact immédiat de l'intelligence.

Il n'est pas un seul peuple de l'Orient qui ne croie les âmes impérissables ; mais il n'en est pas non plus un seul qui ne revête cette immortalité d'une figure sensible. L'Eglise, malgré ses tendances mystiques, protestait elle-même contre les excès du spiritualisme, en matière de vie future, par un dogme obscur et mal défini, celui de la résurrection de la chair. Si la matière ne périt pas entièrement, la forme, dans ce qu'elle offre de fondamental, ne saurait pas non plus être détruite. Les traditions religieuses, les légendes ont toujours revêtu d'une apparence les âmes qui revenaient sur la terre après la mort. Le principe de l'être s'accommode, il est vrai, dans les fantômes à mille variations imaginaires : la plupart des ombres d'Ossian ont des corps de vapeur ; mais dans ces vagues formations d'air, de ténèbres ou de lumière fuyante, on reconnaît toujours le dessin primitif de la vie. Qui dit apparition dit la faculté sensible qu'auraient les morts de se manifester aux vivants ; une telle croyance, quoique entachée de merveilleux, peut du moins nous mettre sur la trace d'une vérité philosophique : — Le *moi* n'est pas moins persistant dans la forme que dans la matière et dans l'idée.

Il y a donc deux économies humaines, l'une relative à la vie présente, l'autre à la vie future, mais toutes deux liées entre elles par des rapports qui se continuent. Un organisme invisible se prépare dès maintenant dans notre corps visible et mortel. Le type de notre constitution à venir est renfermé dans les éléments actuels de notre personnalité. Dieu a mis des impulsions dans les formes, de telle sorte que ces formes tendent toujours à se reproduire ; nous ne croyons pas que la mort puisse vaincre ces impulsions naturelles. La vie se continue avec ses caractères propres ; seulement, à un corps qui pèse vers la terre, la nature substitue un corps doué de propriétés plus élevées et plus étendues.

L'état des âmes, apres la mort, étant inséparable d'une matière modelée sur les caractères actuels de la personnalité humaine, nous avons cherché à établir le lien entre les deux existences. La vie présente renferme des forces qui détermineront par elles-mêmes notre vie future. Il n'en est pas moins certain que les principes de l'organisation devront subir de grands changements dans le passage d'une économie à une autre. Je voudrais préciser quelques-uns de ces changements.

La mort est un renouvellement de l'être. Nous sommes appelés à revêtir une nouvelle chair et de nouveaux principes d'intelligence. Le plus grand plaisir de notre nature c'est de penser ; mais telle est, dans l'état présent des choses, l'imperfection de nos organes, que nous nous laissons sans cesse aller à des plaisirs moins délicats et plus amers que ceux de l'esprit. Les éléments de notre perfectibilité future sont masqués par les conditions matérielles de notre existence périssable. Une nouvelle force plastique se dégagera pour nous des convulsions de la mort. Si les éléments de notre régénération préexistent, comme nous l'avons dit, dans chacun de nous, l'avenir leur donnera l'occasion de paraître et de se développer quand l'imperfection des organismes qui les compriment sera détruite. C'est là tout le mystère de la résurrection. Dieu a préformé dans notre corps mortel un corps indestructible, dans nos sens grossiers des sens plus déliés et plus exquis, dans nos membres engourdis des membres plus appropriés aux mouvements de l'âme.

Le progrès de l'animalité est dans le progrès des sens. La régénération future qui élèvera l'homme à une existence plus étendue, devra par cela même produire un accroissement de sensibilité. Le Créateur a resserré pour nous dans un petit nombre d'organes la faculté de sentir. Un nouvel ordre de phénomènes qui communiquerait à ces organes renouvelés des impressions plus délicates, accroîtrait et ennoblirait tout notre être. Voyez l'enfant ; son âme se dessine sur la formation des grands centres nerveux, et à chaque degré d'avancement organique correspond un degré nouveau d'intelligence. Si l'âge et l'exercice étendent chaque jour les bornes de notre nature, dans l'état présent, à plus forte raison nos organes doivent-ils revêtir dans la vie future des développements infinis. Le germe de tous les progrès qui ont été accomplis par la civilisation depuis le commencement du monde, était dans le premier homme sans que le premier homme s'en doutât. La vie actuelle, si limitée par le nombre et par la nature de nos sens, ne peut-elle pas être capable dans chacun de nous d'une transformation analogue? Quel horizon nouveau se découvre ici devant la morale et devant la philosophie! Si nos sensations, au lieu de se terminer à la mort, comme on le croit communément, se prolongent, en se purifiant, de ce monde-ci à l'autre ; si les impressions actuelles gravent des traces durables dans la personnalité future des êtres, l'homme contracte deux genres de devoirs : il est responsable envers son corps et envers son âme des suites d'une double immortalité.

Non seulement nos sens actuels seront perfectionnés ; mais il est possible que nous acquérions encore de nouveaux sens, et avec eux de nouveaux principes de vie et d'action. La création n'existe pour nous que dans la mesure de nos organes ; au-delà elle nous échappe. Nous n'avons pas d'idée de la somme de plaisirs et de connaissances que l'adjonction d'un sens nouveau apporterait à l'humanité. On peut néanmoins s'en faire une idée par l'invention du télescope et du microscope. Des millions de millions d'êtres, les uns accablans par leur grandeur, les autres d'une effrayante petitesse, ont paru, pour la première fois, à notre vue étonnée ; des rapports nouveaux ont été découverts dans le ciel et sur la terre, les sciences ont fait un grand pas. Si la simple invention d'un verre, ajouté à nos sens actuels, nous a révélé l'existence d'un monde, jusque là caché a nos jouissances, que serait-ce d'un accroissement intime de sensibilité qui ajouterait à notre vue une seconde vue ?

Nous avons en nous des organes passagers et des organes durables. Les liaisons que le corps indestructible entretient sur la terre avec le corps périssable se brisent à la mort. « La nourriture est pour le ventre, dit saint Paul, et le ventre est pour la nourriture ; mais

Dieu détruira l'un et l'autre.» C'est sur cette parole et sur quelques autres semblables du même auteur que l'Eglise avait établi un système de mortification outrée. Les mystiques chrétiens s'occupaient dans la solitude à accroître leur immortalité future, c'est-à-dire à supprimer, dès cette vie, la partie de leur être la moins capable d'une transformation glorieuse. Ces hommes se considéraient comme des morts en mal de résurrection. Les anciens solitaires préparaient en eux par le jeûne et la continence les éléments d'une chair régénérée, réprimaient l'exercice des organes qu'ils supposaient ne devoir point survivre à la mort, et sollicitaient au contraire le développement des facultés dont l'énergie doit se prolonger au-delà du tombeau. Les deux fonctions vitales qu'ils croyaient surtout devoir être abolies dans l'autre monde étaient l'alimentation et la reproduction. Toute la règle des cloîtres consistait à imprimer dans la chair la mort du Christ. Les croyants et les cénobites travaillaient en commun à imposer par des exercices aux organes périssables le travail et la forme de l'immortalité.

Il y avait exagération dans les doctrines de l'Eglise: c'était sacrifier sans motif la vie présente à la vie future. Ce transport perpétuel de l'âme dans une autre vie était une injure à Dieu, qui se trouvait ainsi accusé d'avoir créé un monde indigne des regards et des affections de l'homme. Tout en faisant la part de ce que ces croyances avaient d'immodéré, on ne peut nier que nos sociétés actuelles ne donnent dans un excès bien plus blâmable, en terminant toutes les vues du législateur à l'existence présente. La religion (je prends ici ce mot dans le sens le plus étendu) constitue l'ensemble des moyens physiques et moraux par lesquels l'homme cultive, dès cette vie, le germe de son immortalité future. Or, il est clair que la religion devra se fondre plus tard dans l'état et l'état dans la religion.

Ces excès de spiritualisme chrétien tenaient à l'idée que les docteurs se faisaient d'une séparation complète de l'âme et du corps. A la mort, le principe immortel qui nous anime, était censé comparaître devant Dieu, comme devant son juge. Cette supposition est inadmissible : l'âme finie ne pourrait se trouver à l'état pur, en présence de l'être infini, sans être immédiatement absorbée. Le seul intermédiaire qui nous empêche de disparaître dans le sein de la Divinité, c'est l'organisation. Cette supposition, l'Eglise la démentait elle même, en jetant les damnés dans les flammes de l'enfer. Un feu, si subtil qu'on l'imagine, ne saurait en effet atteindre de purs esprits. Il faut en dire autant des cantiques ou des flots de lumière dont l'Eglise prétend que s'enivrent les élus, et qui supposent toujours des oreilles ou des yeux célestes. On chercherait d'ailleurs vainement dans l'Evangile l'idée d'une séparation complète de la matière. On y voit plutôt que l'âme revêt après la mort une matière éthérée, subtile, raréfiée, qui échappe à toute altération par son extrême délicatesse. Contrairement à l'avis de saint Paul, Jésus-Chrit paraît même autoriser l'idée d'une réparation alimentaire pour les corps ressuscités. « Je ne boirai plus de ce sang de la vigne, dit-il à ses disciples, jusqu'à ce que je le boive avec vous dans le Royaume de mon Père. »

En résumé :

Je ne crois pas à l'immortalité de l'âme ; je crois à l'immortalité de l'homme.

Les deux principes de notre nature, l'esprit et la matière, seront compris dans un système de régénération complète.

La mort est une simple modification de substance, à laquelle correspond un changement dans les facultés éminentes de l'être.

LIVRE III.

I

De la persistance des caractères sociaux.

C'est le génie des époques graves et troublées de rappeler à l'homme ses fins dernières. L'ardeur sauvage avec laquelle les premiers chrétiens se plongèrent, il y a dix-huit siècles, dans la vision des destinées futures, tenait à l'état de décomposition et de malaise où se débattait alors la société romaine. Quand la vie se retire des civilisations épuisées, quand la guerre civile promène son glaive sur toutes les têtes, quand la faim enveloppe les cités comme un linceul, l'homme recueille volontiers son âme et s'efforce de la soulever vers un monde invisible.

Le pressentiment confus d'une épreuve longue et nécessaire glace aujourd'hui d'effroi toutes les consciences. La société est à cette heure comme la Pythonisse : elle ne découvre son avenir qu'à travers des larmes et des convulsions infinies. Les rayons qu'elle arrache à la vérité sont des rayons troublés dont la pâle et triste lumière vient mourir parmi des ruines. Si de graves philosophes ont porté dans ces derniers temps sur les destinées de l'homme une curiosité inquiète, je l'attribue à l'état de souffrance qui nous dévore. Le monde est si mal fait ; si lourde est la masse des infortunes qui pèsent sur le faible, sur le pauvre, sur le travailleur, que les cœurs se tournent instinctivement vers des destinées moins inexorables.

Il existe pour les sociétés une véritable renaissance. L'âme des civilisations mortes passe dans l'âme des civilisations qui se succèdent. Cette transmission établit le grand lien des races et l'unité du progrès dans les transformations du genre humain.

Ce n'est pas seulement le génie d'un peuple qui revit dans un autre peuple, ce qui revit ce sont en même temps les mœurs, les institutions, la langue et, en général, les formes de la vie sociale, plus ou moins modifiées, renouvelées.

La succession des races, des sociétés et des religions, développe, avec des inégalités et des nuances, les éléments de renaissance chez l'homme. Il serait donc absurde de croire que la mort doive effacer la variété des caractères qui existent sur le globe. L'homme transportera dans la vie future non-seulement les traits qu'il aura gravés sur sa personnalité, mais encore l'empreinte qu'il aura reçue des institutions au milieu desquelles il a pris le jour. Tout homme est le résultat d'un passé auquel il ne peut absolument se soustraire, ni dans cette existence, ni dans une autre ; lié qu'il est au développement général de la race sur laquelle la naissance l'a, pour ainsi dire, greffé.

Les rapports de l'homme avec la civilisation seront-ils maintenus dans la vie future? Cet ensemble de sensations et d'idées qu'on appelle le caractère national survivra-t-il à l'existence des citoyens?

Une loi de continuité lie les affections du cœur humain dans le passage de l'état présent à l'état futur. Il y a en nous des germes qui résistent à la destruction; ces germes tendent à se développer d'une existence à l'autre. Les diverses races qui couvrent le globe transportent dans la vie future l'idéal de leur mœurs et de leurs goûts. Les tribus chasseresses se représentent le paradis sous la forme d'une vaste forêt, peuplée de cerfs et de sangliers. Les peuples sensuels, comme les mahométans, rêvent dans l'autre monde la possession de femmes *plus blanches et plus nettes* que celles dont ils jouissent dans celui-ci. Dans l'Inde, les ennuques s'attachent plus fortement que les autres à l'espérance d'une autre vie meilleure, par l'idée des plaisirs qu'ils se promettent dans un corps nouveau et complet. La continuation des mêmes goûts et des mêmes exercices, qui avaient charmé les hommes durant leur existence terrestre, était un des dogmes de la philosophie d'Orphée, transmise par la voie de l'initiation aux Grecs et aux Romains. On peut s'en convaincre par ce passage de Virgile :

...Quæ gratia currum
Armorumque fuit vivis, quæ cura nitentes
Pascere equos, eadem sequitur tellure repostos.

Fidèle à ces sentiments d'analogie qui transportent dans le ciel l'idée que nous nous faisons, ici bas, des joies et des peines, Jésus-Christ, en parlant des élus, nous entretient sans cesse de festins, de noces, de couronnes, de fleuves de délices ; au contraire, pour les reprouvés, ce sont des pleurs et des grincements de dents, des ténèbres, un ver rongeur, un feu dévorant. Tous les objets que l'habitude transforme dès cette vie en symbole de nos terreurs ou de nos désirs, se trouvent ainsi servir d'images à la récompense ou à la punition des âmes dans l'autre monde. La plupart des docteurs de l'Eglise inclinent à admettre un paradis musical : c'est une conséquence des habitudes du cloître ; le seul des sens qui fût excité voluptueusement dans la vie religieuse était le sens de l'ouïe. Les moines ont pris dans leurs offices interminables le modèle de ces anges joufflus et recueillis qui chantent dans le paradis les louanges de Dieu (1).

(1) Nous avons connu une femme d'esprit qui parlait souvent de l'autre monde ; comme elle avait le nez très sensuel et très délicat, elle imaginait une gamme d'odeurs qui devait se prolonger pour elle dans toute l'éternité. C'était là tout son paradis. Un autre de nos amis, grand voyageur, se figurait le bonheur à venir sous la forme d'un pélerinage : la souveraine félicité consistait, selon lui, à errer d'étoile en étoile, pour satisfaire l'ardeur curieuse de nos âmes. Ce qu'il y a de vrai dans ces manières de voir, c'est le pressentiment d'un changement qui n'altérera point les lois de la personnalité humaine.

L'état futur conservera plus ou moins de liaisons avec l'état passé, et l'âme sentira par un retour sur elle-même l'accroissement de son bonheur et de sa perfection. De là une source de félicité toujours croissante.

Les cérémonies funèbres des anciens peuples témoignent de cette croyance à une perpétuité du *moi*. Les Gaulois brûlaient avec le corps d'un homme mort les choses qu'il avait le plus aimées pendant sa vie, meubles, animaux, esclaves. Les Siamois livrent aux flammes, au lieu des meubles du défunt, des images en papier sur lesquels sont figurés tous les ustensiles du ménage ; car l'âme n'emporte pas, selon eux, dans l'autre monde les choses mêmes, mais bien la représentation de ces choses. La vie présente n'est, avec toutes ses attaches aux objets sensibles, qu'une ombre de la vie future ; c'est pour se conformer à cette loi que les veuves indiennes suivent leur mari jusques dans la nuit du tombeau.

Les caractères des races, dans lesquels se dessinent, au milieu des civilisations modernes, les caractères de la personnalité humaine, seront conservés et entreront comme matériaux dans le travail de renouvellement qui doit ramener les êtres des ténèbres à la lumière. Rien de ce qui existe ne sera perdu pour cette double réparation de l'esprit et de la matière, en vertu de laquelle le progrès historique se continuera dans le progrès universel, et cela de génération en génération, de siècle en siècle, de monde en monde.

Avant l'Évangile, on avait dit : goûter la vie. Il était

réservé au Christ de dire : goûter la mort, *gustabo mortem*. Aux yeux du chrétien, la mort est en quelque sorte un banquet, le vrai banquet de l'immortalité. Ce qui est vrai de l'homme l'est aussi des sociétés humaines. Notre siècle est plein de sépulcres qui ne paraissent point, et sur lesquels les hommes marchent sans le savoir. Ces sépulcres sont les institutions mortes et ruinées qui doivent faire place un jour à des institutions meilleures. L'immortalité de notre nation est attachée à cette rénovation du vieux monde ; elle sortira pure et rajeunie du travail des sociétés qui cherchent à reconstruire, au milieu de l'universel ébranlement des idées et des croyances, l'édifice de l'avenir.

Cette vie future, dont la mort est, pour ainsi dire, la porte étroite, n'est pas, nous le répétons, une vie miraculeuse qui sorte brusquement des lois de l'existence présente. L'Évangile prend soin de lier l'une à l'autre par des images tirées de la satisfaction de nos besoins les plus ordinaires. La vie future contiendra tous les germes de la vie actuelle dont elle ne sera d'ailleurs qu'un prolongement. C'est ainsi que Virgile, Dante, Fénélon, l'ont comprise, et les poètes sont, comme les enfants, les bouches d'or de la vérité ; ils prophétisent en rêvant.

II

De l'influence des doctrines sociales sur les destinées futures de l'homme.

La démocratie est la seule doctrine et la seule forme sociale qui développe chez l'homme une semence d'avenir. Anéantissant dès cette vie tous les priviléges, elle détruit toutes ces inégalités monstrueuses que la doctrine de la prédestination avait introduites parmi les âmes sous le rapport des récompenses ou des châtiments. Elle courbe tous les citoyens, sans distinction de rang ni de naissance, sous la loi du travail et prépare ainsi, par l'exercice de toutes les forces humaines, l'activité future des organes et des facultés régénérées. Enfin, cette devise sublime, qui n'est encore sur la terre qu'un mensonge officiel, inscrit sur des murs tachés de sang, — *liberté, égalité, fraternité!* — s'adresse surtout à l'état futur des citoyens et des sociétés humaines.

Il faut venir en aide, dès cette vie, aux destinées immortelles de l'homme. Le devoir du législateur est d'unir sa volonté à celle de Dieu, de manière à créer, conjointement avec lui, un état de choses qui commence sur la terre et qui se perpétue à la mort dans un monde perfectionné. La politique, ainsi entendue, est une science délicate et compliquée, dont toutes les racines enveloppent les destinées complètes de l'humanité. Les gouvernements (je n'entends pas désigner ici les formes variables du pouvoir qui traduisent les ambitions en actes et les intrigues en coups d'état) ont sur la terre une mission divine à remplir. Auxiliaires de la Providence, ils doivent préparer à l'homme un chemin à travers le temps, d'où il découvre au loin l'horizon de ses destinées immortelles. Leur rôle est de seconder activement la prescience infinie qui embrasse dans ses calculs toutes les évolutions de l'être créé. L'homme étant capable d'avenir, toute législation qui ne tient pas compte de nos destinées futures et qui ne travaille pas en vue du bonheur successif de l'homme, est une législation incomplète. Un pouvoir vraiment pasteur des âmes s'efforcerait de poser dès cette vie les problèmes relatifs au perfectionnement des êtres, de manière à ce que ces problèmes reçussent de monde en monde une solution graduée.

Les croyances de la vie future ne sont point indifférentes à la forme des sociétés. L'Eglise avait fait du ciel une monarchie invisible, moulée sur les caractères de la politique des Etats : il y avait dans l'ordre civil, comme dans l'ordre spirituel, la classe des élus et la classe des réprouvés ; les premiers jouissaient de tous les biens de ce monde ; les seconds s'en partageaient tous les maux ; entre les uns et les autres se dressait un obstacle éternel, infranchissable, *solidatum est chaos*.

Il existait pourtant une classe intermédiaire, le

tiers-état, qui tenait dans le monde temporel la place du purgatoire. On voit d'ici comme les doctrines catholiques, sur l'état des âmes après la mort, s'étaient imprimées à la constitution des sociétés humaines. Cette corrélation est constante. Tout ce qui limite l'humanité dans sa forme actuelle, la limite dans ses développements ultérieurs. Les lois et les institutions despotiques violent donc la nature humaine et la nature divine. Elles pactisent avec la mort qu'elles étendent jusques de l'autre côté du tombeau.

Il faut bien que je vous apporte un peu de consolation à vous qu'on opprime et qu'on outrage, à vous qu'on exile, travailleurs, mes frères! C'est pour vous que j'ai écrit ces pages sur l'immortalité. La doctrine des premiers chrétiens, toute démocratique, s'est corrompue par les subtilités des théologiens, qui, dans leur embarras d'expliquer les différences des actions humaines, ont eu recours au merveilleux. La doctrine sur l'inégale dispensation de la grâce a eu pour effet d'introduire dans le monde une inégalité de rangs, de conditions et de faveurs. Le genre humain s'est partagé, dans cette vie et dans l'autre, en deux classes : les élus et les réprouvés. L'enfer et le paradis.

J'ai essayé d'écarter de la vie future les mystères dont on l'avait enveloppée. La croyance à une immortalité philosophique est la plus ferme limite qu'on puisse poser aux envahissements de la force brutale. Que les persécuteurs s'acharnent sur leurs victimes ; le temps les tient eux-mêmes à la gorge et les étrangle.

Plus que toute autre classe de la société, le peuple

a un intérêt considérable à ce que la mort ne termine point une existence remplie pour lui d'injustices et de misères. Que les riches s'imaginent périr avec leur fortune périssable, que leur âme s'évanouisse avec l'argent qui s'évanouit pour eux à l'heure de la mort, c'est la suite d'une existence si bassement dépendante des biens matériels. Ils n'ont d'intelligence et de sentiment que dans la jouissance des objets qu'ils ajoutent à leur être borné. Voyez ces jeunes gens du monde qui donnent le ton aux autres ; ces femmes qui passent pour être l'ornement délicat de la civilisation : leur esprit, leur amabilité, leur éclat factice sont liés à la possession d'un certain métal. Otez-leur ce métal conventionnel, si peu de chose que cela change de figure et de valeur d'une contrée à l'autre, vous les verrez aussitôt tomber dans une langueur et une démoralisation qui les rend incapables de vivre, à plus forte raison de renaître. Comment des existences d'emprunt, qui ont contracté avec le monde éphémère des attaches si intimes, feraient-elles pour dégager de la mort leur nature immortelle et supérieure?

Suivez ces adorateurs du temps dans leur vie si courte et si fragile ; ils se sont, pour ainsi dire, incorporés à ce qui passe, par la multiplicité fuyante de leurs désirs et de leurs affections grossières. Ils n'ont pas même assez de leurs sens pour s'approprier les biens qui les accablent ; aussi cherchent-ils à suppléer par le nombre et la variété des sensations à l'inexorable limite de leurs organes. Triste et dégradante recherche du périssable, qui ne fait qu'augmenter autour d'eux le néant de l'avenir !

Je suis forcé de reconnaître ici tout ce qu'a de philosophique et d'admirable cette parole du Christ : « Pensez-vous qu'un riche puisse entrer dans le royaume de Dieu ? » — Non, citoyen Jésus, je ne le pense pas. Le riche a trop de liens qui l'attachent à notre planète ; il s'est trop fait dans la nature sensible les éléments d'un second corps où il a placé d'avance le choix de ses convoitises terrestres, pour être capable d'une transformation glorieuse. La captivité qui recommence pour lui après la mort, captivité volontaire et charnelle, est une suite des relations dans lesquelles il a enlacé son âme. L'humble et triste prisonnier, entre les quatre murs qui retrécissent l'horizon de son existence présente, est bien plus libre, bien plus à même de mûrir pour une renaissance dans un monde meilleur, que ce riche sensuel dont l'âme s'est identifiée au cadavre d'une société en dissolution.

La doctrine de l'immortalité de l'âme est une doctrine révolutionnaire, une doctrine démocratique. Jamais le spiritualisme de la vie future ne s'affirma d'une manière aussi courageuse que par la bouche de Robespierre. Ce grand apôtre de la terreur ne craignit ni la rage des athées, ni le ridicule des beaux esprits ; il fit bravement du linceul un drapeau d'avenir. Le spiritualisme est dans le peuple et il n'est que là. Sous le cilice de la pauvreté se retrouve dans le peuple le renoncement à tout, l'austère vertu du sacrifice, et comme compensation sublime, l'espérance d'une autre vie. L'inépuisable dévouement des races qui alimentent les sociétés par leur travail, par leur sang, par leurs privations mêmes, qui donnent toujours et qui ont toujours à donner, est une protestation constante contre les désolantes doctrines du sensualisme. A côté d'elles vivent ces races absorbantes, qui ramènent tout à la vie animale. Le ventre de la bourgeoisie est un sépulcre ouvert dans lequel vient s'ensevelir tout le travail de la nature, et qui ne dit jamais : c'est assez !

Le matérialisme de la classe moyenne est solidaire d'une politique sans idéal et sans grandeur. Aussi toutes les révélations sont-elles sorties des masses refoulées par les institutions sociales.

Le peuple, c'est l'esprit qui éclaire : Socrate !

C'est l'esprit qui inspire : Jésus-Christ !

C'est l'esprit qui se dévoue : Jeanne d'Arc !

Les partis politiques sans doctrines, qui s'appuient sur le bien-être de la classe moyenne, comme celui de la Gironde, s'abyment au contraire dans les fureurs de l'égoïsme indifférent. Le scepticisme est plus féroce que le fanatisme. Il y a du sang sur les mains de Robespierre, de Couthon, de Saint-Just ; mais il y en a bien davantage sur les mains des hommes cruels qui les ont remplacés, de ces féroces thermidoriens qui tuèrent au nom de l'ordre et de l'humanité. Leur modération altérée de vengeance a créé dans les âmes l'indifférence de l'avenir et le dégoût de Dieu. En vain voudrait-on les défendre par le souvenir de quelques actes hypocrites : le luxe des pratiques religieuses, combiné avec le déclin des croyances, est précisément le signe avant-coureur de la chute des sociétés, ou tout au moins des classes qui les dominent. C'est là qu'en est maintenant la bourgeoisie. Si le peuple laissait obscurcir sa foi en une autre vie, foi instinctive plutôt que raisonnée, c'en serait fait de la civilisation moderne.

Les institutions qui entretiennent l'ignorance par la misère dans le sein des classes laborieuses, non seulement refoulent l'existence présente dans les ténèbres de la mort, mais encore elles élèvent un obstacle au développement des destinées futures de l'humanité. C'est contre ces institutions du vieux monde que la classe ouvrière proteste. Jusqu'ici les gouvernements n'ont été mûs que par un instinct de conservation grossière et bornée; ils n'ont jamais eu égard aux destinées immortelles des citoyens. Le moment est venu où la science politique ne doit plus limiter ses calculs à notre vie fugitive et provisoire. Elle doit regarder en outre aux fins dernières de l'homme, et disposer toutes choses en vue des événements qui transporteront un jour les sociétés dans une autre sphère de régénération physique, intellectuelle et morale.

Les caractères moraux de la vie future se résument dans cette formule : une extension toujours plus grande des rapports de l'homme avec la nature, avec ses semblables et avec Dieu.

Toutes les doctrines qui combattent ici l'intérêt privé, qui refoulent l'égoïsme dans le cœur de l'homme, qui répandent l'individu sur ses semblables, préparent, selon le langage du Christ, le royaume de Dieu, c'est-à-dire le règne de la solidarité sur la terre comme dans le ciel.

Un ordre social qui verserait la lumière sur toutes

les intelligences ; qui ferait l'éducation de tous par la jouissance commune des beaux-arts, des spectacles, des livres et du bien-être ; qui perfectionnerait, au moyen d'exercices appropriés, la valeur morale et organique des citoyens, ne changerait pas seulement, pour chacun d'eux, les conditions de la vie présente, mais encore les éléments de la réexistence. Les sociétés, selon qu'elles sont bien ou mal constituées, préparent ou contrarient les destinées futures de l'homme.

Le dogme de l'immortalité, dans ses rapports avec la vie présente et avec le développement général des sociétés, est un des dogmes de la démocratie religieuse.

Aidés de cette foi, nous pouvons défier tous les horribles projets de la dictature, toutes les fureurs de l'égoïsme déguisé en ordre public. Les ennemis du présent et de l'avenir seront plutôt las de nous persécuter que nous ne serons las de tendre la gorge au couteau. Avec le sentiment de l'immortalité dans le cœur, nous sommes les sacrificateurs de la mort ; nous n'en sommes plus les victimes.

III

Des châtiments et des récompenses.

La mort manifeste l'individu à lui-même. De là l'idée de jugement ; de là ces affres et ces sueurs froides qui accompagnent le passage de l'état de choses que nous connaissons à un état inconnu. Une idée de châtiment et de rémunération se dévoile dans toutes les théologies anciennes. L'imagination des peuples y mêle seulement à tort une intervention matérielle de la Divinité. Les conditions de la vie future sont aussi naturellement liées aux actes de la vie présente que le bon ou le mauvais succès de la récolte tient aux qualités intrinsèques de la semence. L'idée des Chrétiens que toutes les actions de la vie se rapportent à une vie future dont elles déterminent le caractère est foncièrement une idée exacte.

Le bien et le mal ne sauraient être effacés de la conscience ; mais les docteurs ont eu recours dans tous les temps à des causes absurdes pour expliquer l'existence des bons et des méchants. Il n'y a rien de plus injuste que le privilége, j'ajouterai : il n'y a rien de plus bête. Toutes les sociétés anciennes reposaient sur des divisions arbitraires de l'humanité. Le christianisme, à son avènement, fit disparaître du monde un privilége auquel on ne s'attend pas, le privilége de la circoncision.

Aux yeux des Juifs, les hommes se partageaient effectivement en circoncis et en incirconcis. Les uns jouissaient de toutes les faveurs du vrai Dieu ; les autres en étaient exclus par naissance. L'Eglise ne tarda point à remplacer ce privilége par un autre non moins imaginaire, je veux parler de l'idée que les docteurs se font de la prédestination. Selon cette doctrine, qui a ouvert la voie à toutes les aristocraties, les uns naissent assurés contre la damnation éternelle ; les autres y sont au contraire promis dès le ventre de leur mère.

Les impénétrables desseins de Dieu ont fixé, antérieurement à la naissance, le sort de ces deux classes d'hommes, les élus et les réprouvés.

Cette vue théologique sur la division des peines et des récompenses éternelles ne saurait nous satisfaire. Chacun de nous est l'auteur, et pour ainsi dire, l'ouvrier de ses destinées futures. Tout vice, toute dégradation est une souffrance. Le mal n'est en effet qu'une privation et cette privation augmente à mesure que la souveraine beauté, le souverain bien s'éloignent de l'intelligence et du cœur. Il n'est donc pas besoin de recourir à une intervention directe et merveilleuse de la Divinité pour séparer le sort des justes du sort des méchants. Une loi de gravitation naturelle détermine le mouvement de l'âme vers les récompenses ou les châtiments dans ce monde-ci comme dans l'autre. Une sorte de nécessité enchaîne l'homme à ses œuvres ; il y a dans ces œuvres accomplies, bonnes ou mauvaises, quelque chose d'impérissable qui s'incorpore à la vie future. Voilà dans quel sens chacun de nous prépare ou empêche en lui-même le règne de Dieu.

Il y a des âmes qui sortent du corps mortel sans s'être jamais connues ; d'autres qui se sont niées elles-mêmes avec passion ; d'autres enfin qui ont contracté dans le commerce avec la matière une espèce d'engourdissement ; elles ne sauraient participer à la résurrection dans une mesure égale avec les âmes des croyants et des philosophes. La vie future ne sera, sous ce rapport, qu'une suite d'inégalités éternelles, dont l'organisme plus ou moins parfait marquera toujours la limite.

L'enfer et le paradis se retrouvent, avec des variations, dans les croyances religieuses de toutes les peuples qui habitent le monde. Chaque race a empreint son imagination sur le symbolisme de nos destinées futures. A part les inventions, à part le merveilleux des figures et des rêves, à part la mythologie de l'avenir, cette idée d'un état heureux ou malheureux succédant à la vie présente et continuant, sous forme de peine ou de récompense, les conditions de l'existence actuelle, est une idée irrécusable. Les caractères de notre immortalité se calquent sur les traits de notre conscience. Chacune de nos actions porte en elle-même ses conséquences pour le présent et pour l'avenir. Il existe donc un enfer et un paradis philosophiques. Nous entendons par là un système naturel qui lie étroitement les effets aux causes, en-deçà et au-delà du temps. L'ignorance, l'inquiétude, le remords, la souffrance physique et intellectuelle sont les résultats inévitables du mal, comme la lumière, la paix intérieure, la satisfaction du cœur, le bien-être sont les fruits du bien. Quiconque se replie dans son égoïsme, borne, pour cette existence-ci et pour les autres, les limites de sa nature morale et amasse autour de lui des ténèbres qui le suivront douloureusement dans ses destinées ultérieures.

C'est une idée ancienne dans le monde que l'humanité doit à Dieu une réparation. Les théologies orientales avaient peuplé toute la nature d'âmes à l'état d'épreuve ; ces âmes masquées par les formes végétales ou animales faisaient pénitence des fautes qu'elles avaient commises dans une existence antérieure. La force d'une doctrine consiste à ne reculer devant aucune des conséquences de ses principes ; c'est ainsi que l'Eglise, pour affermir son dogme de la déchéance et du péché originel, n'a pas craint de refouler dans les ténèbres et dans la privation de Dieu les âmes des enfants nouveau-nés qui meurent avant d'avoir reçu le baptême. Il y avait une grandeur sauvage à braver ainsi la réprobation formelle qu'un dogme si dur pouvait remuer dans les cœurs sensibles. Entraînée par cette logique inexorable, l'Eglise fit du salut une œuvre de grâce, une œuvre surnaturelle. Le travail étant une des formes de l'épreuve que les croyances religieuses imposaient au passage de l'homme sur la terre, les cloîtres se peuplèrent d'ouvriers de la mort, qui cherchaient dans leurs champs remués un trésor enfoui : — l'éternité.

Ce qu'il y a de vrai dans cette doctrine, c'est que l'âme reste unie à ses œuvres comme Dieu demeure uni à la création.

L'idée défavorable que les croyances chrétiennes attachent à la mort subite et violente, n'est dès-lors pas dénuée de fondement, quoique les conséquences en soient peut-être exagérées. La fin de l'homme demande une souffrance préliminaire. Mourir est un acte grave. Le caractère des maladies qui précèdent généralement cette terminaison fatale est de renouveler l'intelligence : qui de nous ne se souvient d'avoir revêtu, dans une de ces défaillances de la nature, une lucidité d'esprit particulière aux malades, et qui s'obscurcit peu à peu avec la convalescence ?

L'homme qui meurt frappé dans une circonstance héroïque, supplée à cette préparation lente du dernier soupir, en poussant, si l'on ose ainsi dire, son âme vers l'immortalité par l'exaltation féconde de ses sentiments généreux et par le désintéressement de la vie.

L'expiation, sous diverses formes, qui varient de contrée en contrée, tel est le dogme inaltérable sur lequel les croyances religieuses ont établi l'idée des punitions et des épreuves, après la mort. La douleur absorbe le mal. De là chez tous les peuples anciens et modernes l'idée plus ou moins nette d'une rédemption. Les êtres se rachètent eux-mêmes de leurs fautes ou en sont rachetés, à l'aide du sacrifice. C'est ainsi que dans les anciens rits, l'homme, pour effacer ses péchés, se plongeait dans le sang de toute la nature, souvent même dans la mort de ses semblables. Cette idée de sacrifice expiatoire, toutes les initiations antiques la transportaient aux conditions de la vie future. Le trépassé était censé opérer sur lui-même un travail de rédemption, auquel l'imagination des poètes prêtait des formes plus ou moins ingénieuses. Ce qu'il y avait de sérieux dans ces fables et ces symboles, ce qu'il y a de vrai dans les mythes de l'enfer et du purgatoire, c'est l'accomplissement de cette loi naturelle, la purification par la souffrance.

La mort est une de ces épreuves par lesquelles l'être se régénère en sortant de la vie; elle est la contrepartie de la naissance, qui, elle aussi, fait sentir à l'enfant, dans le sein de la mère, tous les tourments et les angoisses d'une initiation douloureuse. Nous faisons en mourant les couches de la vie future.

IV

Si tous les hommes ressusciteront.

Nous avons tracé jusqu'ici des idées générales ; nous les avons appuyées sur des observations et des raisonnements dont nous croyons la base inaltérable. Aller plus loin, c'est s'exposer à écrire le roman de la vie future.

Des questions pressantes viennent néanmoins nous assaillir : « Quel est le théâtre de cette vie qui succède à la vie présente ? Où les morts vont-ils renaître ? Sont-ils tous soumis aux mêmes lois d'ascension d'un monde dans un monde ? »

Nous allons répondre à ces questions enveloppées de doute et de ténèbres par des conjectures, mais par des conjectures qui empruntent aux faits un caractère de probabilité, sinon de certitude.

Il y a dans saint Paul un mot très philosophique : « Nous ressusciterons tous ; mais nous ne serons pas tous changés. »

Dans la pensée de saint Paul le mot résurrection implique seulement le retour à la vie, auquel tous les hommes participent sans distinction aucune ; tandis que le *changement*, c'est-à-dire la transformation de l'existence actuelle et de ses lois dans un monde meilleur, serait le privilége de quelques élus.

Examinons cette doctrine au point de vue de la raison et de la science.

Toutes les âmes changent-elles? Je veux dire : passent-elles toutes des conditions misérables de la vie présente à une existence supérieure? Il y a lieu d'en douter en voyant la prodigieuse inégalité qui règne entre les races et entre les individus. Je n'examine pas si cette inégalité est le fait de la nature ou de l'éducation · il me suffit de savoir qu'elle existe. Comment l'homme transporterait-il dans un monde perfectionné le souvenir de sensations grossières auxquelles, le plus souvent, l'âme n'est pas même présente? Les existences terrestres qui se composent presque uniquement de ces sensations matérielles ne sont donc guère préparées à une autre vie meilleure et plus digne. Pour revêtir la lumière incréée il faut s'être habitué au rayonnement de cette lumière. Des sensations, que le *moi* ne s'approprie même pas, des atômes d'âme ne sauraient se relier à une existence nouvelle et transfigurée. Ce que nous savons pourtant de la nature du principe immatériel nous défend de croire que ces hommes rentrent dans le néant. Faut-il admettre, dans un pareil cas, avec beaucoup de docteurs fameux, une purification de ces âmes en de nouveaux corps?

Un grand philosophe, Pierre Leroux, a renouvelé parmi nous l'idée de la renaissance dans l'humanité.

Cette idée, comme nous l'avons dit, est très ancienne. Nous la retrouvons dans l'Evangile sous plusieurs formes. Les Juifs, étonnés du grand éclat que jetait la mission du prophète Jésus, se demandaient les uns aux autres si c'était Elie ou Jean-Baptiste, naguère décapité, qui revenait sur la terre. C'était donc un ordre de conjectures très ordinaires chez les Hébreux et passées tout-à-fait dans les mœurs, que de rapporter l'existence des hommes connus à une existence antérieure. Les prophètes, les éclaireurs de l'humanité, étaient censés reparaître à des époques fixées par la prescience divine. Ces incarnations de la même idée et des mêmes moyens continués dans une personnalité renaissante, marquaient à travers les âges une trace historique, qui s'appellerait de nos jours comme Alexandre, César, Charlemagne, Napoléon.

C'est une question à se faire, si les talents, les bonnes et les mauvaises inclinations que l'homme apporte à la naissance ne seraient pas la suite des lumières acquises, des qualités et des vices recueillis dans une ou plusieurs existences précédentes. Y a-t-il une vie antérieure dont les éléments ont préparé les conditions de la vie qui s'accomplit en ce moment pour chacun de nous? les anciens le pensaient ainsi. Les dispositions innées, si différentes chez les enfants, les ont fait croire à des traces laissées par les existences antérieures dans le germe impérissable de l'homme. Dès les premiers jours où l'intelligence des enfants commence à paraître, elle dessine en effet chez eux, en traits confus, un sentiment général des choses qui ressemble à une réminiscence. D'après ce système, nul ne serait étranger aux éléments qu'il apporte en venant dans ce monde.

L'idée des peines et des récompenses se rencontre,

comme on voit, dans cette doctrine de palingénésie humaine. Les êtres ignorants ou dégradés qui n'ont pas su faire éclore leur âme, rentrent dans le sein d'une femme pour y revêtir un nouveau corps et une nouvelle existence terrestre. Cette incarnation se fait en vertu d'une grande loi d'équilibre, qui ramène tous les êtres au châtiment ou à la rémunération exacte de leurs œuvres.

Les races inférieures renaissent dans les races supérieures; c'est ainsi que certaines tribus de l'Océanie croient reconnaître dans les voyageurs blancs les âmes de leurs ancêtres qui viennent les visiter. Cette tradition obscure, jointe à un instinct naturel, dans les contrées habitées par les nègres ou par les sauvages du Nouveau-Monde, porte les maris les plus jaloux de leurs femmes, à les céder, et, qui plus est, à les offrir eux-mêmes aux Européens, afin d'en obtenir des enfants supérieurs à ceux de leur sang.

La renaissance dans l'humanité ne constitue toutefois qu'un premier cercle d'épreuves. Quand, après une ou plusieurs incarnations, l'homme a, pour ainsi dire, atteint le degré de perfection nécessaire pour un changement, il passe à une autre vie et recommence alors, dans une autre sphère, une existence qui nous est cachée, mais que nous pouvons néanmoins croire rattachée à celle-ci par les liens d'une solidarité intime. Qu'on nous permette une comparaison vulgaire : il en est de ces âmes grosses de changement, selon le langage de l'apôtre, comme de ces têtards qui nagent dans nos marais, et que la nature a prédestinés pour une transformation ; il est nécessaire que ces animaux aient acquis, sous l'action de la lumière et du soleil, un certain degré de maturité pour qu'ils se convertissent en grenouilles. Otez-leur telles conditions extérieures, tel degré d'avancement organique, et ce changement auquel ils sont promis n'aura pas lieu. Il leur faudra mourir et renaître sous leur première forme. De même ne peuvent passer à une existence supérieure, les morts qui n'apportent point les éléments nécessaires à cette autre vie.

La limite des progrès que l'homme doit avoir atteinte pour commencer un autre cercle d'épreuves, dans une autre sphère, nous est présentement inconnue; cette limite, la science et la philosophie arriveront sans doute plus tard à la déterminer.

Qu'il passe à une existence ignorée ou qu'il recommence la vie sous les formes actuelles et visibles de l'humanité, toujours est-il que l'individu ne disparaît pas tout entier de notre globe. Ce qui a vécu laisse une trace. Tout homme demeure présent par ses œuvres, par sa pensée écrite, par ses enfants, par le bien et le mal qu'il a fait ou voulu faire. Il laisse d'ailleurs, en mourant, une poussière qui a été sienne et sur laquelle il a fait rayonner son intelligence, sa volonté. Que devient cette poussière? Elle se transforme ; elle sert à revêtir, dans toute la nature, de nouveaux germes en mal d'existence.

Tout en croyant à un principe immortel, esprit et matière, qui se dégage de nos organes en dissolution, nous avons un intérêt personnel à ce que le globe soit ordonné, après nous, selon les lois de la justice. La substance corporelle qui recouvre notre âme et nos organes indestructibles, étant restituée, après notre mort, aux éléments, aux plantes et aux animaux, sur lesquels cette substance avait été prélevée, nous laisserons quelque chose de nous dans toute la nature. D'où résulte pour chaque homme en particulier le devoir de préparer sur la terre, à toutes les créatures végétales ou animales, des conditions meilleures d'existence. Ce n'est pas même un devoir, c'est un besoin, puisque si ces êtres souffrent, quelques-unes des parties qui ont été nous, souffriront en eux.

Cette matière que la mort dissout, et qui passe incontinent dans le creuset de la nature pour reprendre d'autres formes, retourne surtout à l'humanité. La plupart des molécules présentes dans nos organes ont habité les organes de ceux qui ont vécu avant nous. Dire quelle influence cette poussière, chargée de vitalité humaine, exerce sur les générations qui se succèdent, nous ne l'osons. Les deux amants, homme et femme, qu'attire l'un vers l'autre un fluide mystérieux, une insurmontable sympathie, un instinct tout-puissant et aveugle, ne seraient-ils, par hasard, que les parties d'un même tout? Serait-ce la même substance humaine, incarnée dans deux êtres de sexe différent, qui les pousse à se rechercher l'un l'autre, par une force d'affinité que la mort n'a pu totalement détruire? Nous le croyons. Ce tourbillon de poussière amoureuse les emporte dans un cercle d'attraction fatale. C'est dans ce sens-là que l'amour est un égoïsme à deux.

V

De l'état des hommes après la mort.

Ceux-là seuls renaissent dans la chair, qui n'ont point élevé le principe immortel de leur nature à un degré de perfection suffisante pour renaître dans la gloire.

Occupons-nous maintenant de ces derniers, de ceux qui ayant accompli dans une ou dans plusieurs existences successives un premier ordre d'épreuves, se trouvent appelés à une vie différente de la nôtre. Quel est le théâtre de cette vie inconnue, qui suppose une nouvelle combinaison de la matière et de l'esprit?

C'est une idée très ancienne dont on retrouve l'origine dans les traditions des Celtes, nos ancêtres, que les morts, délivrés de leur enveloppe grossière, continuent d'habiter les régions élevées de notre globe, qu'ils assistent sous une forme invisible à nos luttes, à nos épreuves, qu'ils aident même de leur concours et de leur influence voilée les progrès du genre humain. Ils demeureront ainsi enveloppés dans la vie générale du globe jusqu'à la consommation dernière, c'est-à-dire jusqu'à l'événement prédit qui doit changer les conditions de notre planète et transformer toute la nature. Leur présence au milieu de nous ressemble à celle des dieux homériques ; mêlés à nos révolutions, ils jouissent des événements et des résultats qu'ils ont préparés. La part d'action qu'ils prennent au mouvement de l'histoire n'est peut-être pas médiocre. Si la différence des organismes met entre eux et nos sens une distance matérielle, elle n'empêche point la communion des âmes. Il y a peut-être une secrète relation entre leur vie et la nôtre. Ils nous inspirent, nous conseillent. Jean-Jacques Rousseau, Robespierre, Saint-Just, continuent, sous une forme invisible, à suivre le sort des idées et des principes auxquels ils ont donné leur vie. Je ne crois pas que la vie future, quoique supérieure à la nôtre, soit exempte d'affliction et d'amertume. L'idée d'un purgatoire philosophique me semble inhérente aux conditions mêmes de notre nature finie, qui aura toujours besoin de se purifier dans la souffrance. Les morts puisent les motifs de leur joie ou de leur tristesse, soit dans les rapports nouveaux qu'ils ont contractés, soit dans les liens qu'ils conservent avec leur existence ancienne et avec le monde que nous habitons. Spectateurs, acteurs même dans ce grand drame d'idées et d'actions qui se déroule à travers les siècles, ils participent à la vie éternelle de l'humanité.

Cette présence des trépassés, leur influence sur les destinées de notre globe, auquel ils demeurent attachés par d'indissolubles liens, tout établit entre eux et nous une continuité de rapports. Tous les peuples de la terre ont cru au pouvoir qu'exercent les morts sur les vivants. Bannie de la froide raison, cette idée se réfugie dans le sentiment, dans l'instinct, dans les mœurs populaires. Les orientaux ne craignent que les morts de connaissance, ceux auxquels ils supposent des liens de nation ou de parenté. Les âmes qui ont eu pendant la vie des inclinations nuisibles, continuent, selon eux, à faire du mal après la mort. Le culte et les cérémonies religieuses, en usage chez presque tous les peuples, témoignent en outre de cette croyance qu'on soulage les trépassés et qu'on vient en aide à la purification des âmes par les prières. L'Eglise entretenait par une communion spirituelle des rapports occultes et mystiques avec les âmes éprouvées dans l'autre monde et avec les saints du paradis. Ce qu'il y a de certain dans toutes ces pratiques, c'est la solidarité des âmes et des corps. L'humanité est un grand tout qui ne laisse détacher toutes ses parties qu'à la condition de les rejoindre et de les régénérer sans cesse.

Ces morts, réduits à l'état de larves, attendent que les germes des êtres répandus dans toute la nature soient assez mûrs pour une rénovation générale des choses; ils reparaîtront alors sous une autre forme, quand le globe, dont ils fécondent les éléments et les destinées, aura revêtu des changements prédits.

Leur vie est à cette heure une sorte d'incubation; ils couvent dans le silence et dans une apparente inaction les germes de leur perfectibilité future.

Les changements qui auront lieu dans l'organisme régénéré seront solidaires des changements qui se feront autour de nous dans la nature. Ici bas, nous nous assimilons notre planète dans la mesure de nos instruments et de nos facultés ; cette proportion-là suffit à nos besoins, à notre bien-être. Au-delà, ce ne serait plus même une perception, mais une souffrance. Tout mouvement de transformation dans l'homme et dans les sociétés en suppose un corrélatif dans l'univers. Un accroissement de perfection dans nos facultés sensibles auquel ne correspondrait point un renouvellement dans l'économie présente de notre globe, loin d'être pour l'homme un bienfait, deviendrait le plus intolérable des supplices. La forme de chaque être se trouve déterminée par l'ensemble de ses rapports : les rapports changeant, la forme change. A un monde de matière, où l'esprit se montre enveloppé, il fallait des êtres matériels dont toutes les idées fussent couvertes par des sensations. En sera-t-il de même dans la suite des temps, quand le globe terrestre aura subi cette évolution finale qui doit ramener sur la terre tout ce qui a vécu ? Non. De nouveaux fluides impondérables, dont l'action est jusqu'ici voilée à nos sens, transformeront en nous et autour de nous les conditions mêmes de la matière. Les êtres, acquittés de la vie, attendent, dans le silence et l'enveloppement, cette rénovation de la lumière et des autres substances géologiques pour se manifester de nouveau. Leur retour sur le globe sera une suite des changements survenus dans la nature. Notre monde est, d'après une figure théogonique, un œuf dont l'incubation n'est pas terminée ; quand les parties qui n'existent pas encore auront paru, alors seulement viendra la consommation de l'homme et de ses destinées sur la terre.

La vie suppose un système de réparations naturelles qui embrasse à la fois les individus, les espèces et les mondes. L'idée d'une révolution matérielle, d'un cataclysme final qui doit changer la face de la terre et celle des sociétés, qui doit en outre amener la rénovation de tous les êtres créés, est écrite, comme nous l'avons vu, dans la tradition des peuples et dans les lois de la Providence. Ces affres d'un monde, cette agonie du globe et des sociétés, tout cela n'est qu'une répétition en grand de la mort chez les individus. C'est le passage de l'état présent à un autre état, une réformation de toutes choses. Après ce temps-là, les sociétés revêtiront de nouvelles lois, les êtres créés de nouvelles formes, l'humanité des destinées nouvelles. Je ne sais pas si, comme le dit l'apôtre, nos corps seront plus subtils que l'air; mais ce que je sais, c'est que l'idée de la résurrection des êtres entraîne celle d'un renouvellement dans les milieux extérieurs que ces êtres doivent peupler. Ce que j'affirme, c'est l'union perpétuelle de l'âme à des corps organiques; ces corps se succèdent, s'engendrent les uns des autres, en s'appropriant aux formes constitutives des mondes que parcourt la perpétuité du *moi* dans ses existences successives. Le principe de la vie, étendu à diverses phases ou évolutions de renaissance, ne constitue toujours pour le Créateur qu'un seul et même être continué. Pour Dieu la durée d'un être ne se borne point, en effet, à cet intervalle de temps compris entre la naissance et la mort : il embrasse tous les segments d'existence dont la succession forme, à travers les interruptions et les reprises, la véritable unité de la vie.

Les destinées de l'humanité sont liées au globe terrestre, tant que ce globe durera ; les existences particulières se modifieront sur l'existence générale de notre planète, pendant toute la série des developpements propres à la vie future ; quand cette série sera épuisée, le monde finira, sans doute, et le genre humain, transporté dans une autre sphère, continuera le cours de ses interminables progrès. Ici, mais ici seulement, commence à devenir plausible l'idée de la transmigration des âmes dans les étoiles. La science astronomique, dans l'état actuel, ne comprend point la vie hors de notre planète. C'est qu'elle calcule sur les conditions présentes de la vie, lesquelles doivent être très certainement modifiées un jour. Les âmes, au sortir de notre globe, doivent-elles revêtir, de sphère en sphère, une existence qui nous est voilée, mais dont les éléments organiques iraient toujours s'appropriant aux caractères des différents mondes? La raison ici n'ose rien décider. N'oublions pas, seulement, que l'âme emporte toujours, d'une existence à l'autre, un germe matériel et qu'elle se refait pour ainsi dire elle-même plusieurs fois, dans cette interminable ascension de la vie, à travers les mondes, où elle recueille de ciel en ciel une perfection de plus en plus liée aux éléments éternels de notre personnalité croissante.

On voit, par ce que nous venons de dire, combien est gratuite l'hypothèse d'une félicité parfaite, succédant à la mort du juste. C'est vainement que le chrétien s'élance de toute son âme au-delà du temps, comme au-delà d'une limite qui le sépare du bien infini : il aura beau faire, cette limite ne s'effacera pas d'un saut. Dieu mesure son intervention et son assistance à l'ensemble des états que l'homme doit parcourir dans une indéfiniment longue série d'existences. Le principe de la vie, quoique toujours persistant, va de modification en modification. L'être s'approche de plus en plus de la Divinité, sans y disparaître jamais, défendu qu'il est contre l'absorption par un organisme qui se développe toujours, mais qui n'en conserve pas moins les caractères inaltérables de sa personnalité. Un bonheur qui ne croîtrait pas avec les éléments de notre sensibilité intime ne serait bientôt plus un bonheur; un progrès dont nous perdrions le sentiment, ne serait plus un progrès.

Ce qui a manqué aux religions anciennes, c'est l'idée du progrès; de là, chez les peuples de l'Inde, la croyance à une métempsychose aveugle; de là, chez les chrétiens d'Occident, le sentiment de l'immobilité dans le bonheur. Il existe, selon nous, des cercles d'épreuves dont les âmes sortiront successivement par la mort, et qui constituent les degrés d'une perfection toujours nouvelle. Le progrès est partout, le terme nulle part. Il est dans la nature de certaines âmes d'aspirer au repos absolu. Fatigués du monde qui les repousse et les meurtrit dans leur sensibilité délicate, les mystiques ont une tendance à ensevelir toute la nature en Dieu La raison ne peut admettre ce bienheureux anéantissement, cette disparition des êtres créés dans le sein du Créateur, ce *nireupan* qui est, suivant les idées indiennes, le terme de la félicité.

CONCLUSION.

Une consolation est cachée dans l'espérance d'une autre vie, nous avons voulu poser cette consolation sur une base philosophique. Nous avons appelé la science en témoignage de nos destinées futures, et la science a dit à l'homme : « Tu revivras ! »

Nous avons écarté le point de vue mystique ; nos preuves ont été tirées de l'ordre naturel des choses. Quand même le principe des matérialistes serait vrai, ils ne seraient pas en droit de conclure contre nous à la destruction complète de l'être ; car des germes de renaissance peuvent aussi bien être déposés dans la matière que dans l'esprit.

Jusqu'ici la science a été le privilége des riches. Eux seuls ont le temps, l'éducation et les instruments nécessaires pour pénétrer dans les secrets de la nature. Et encore, à part quelques exceptions honorables, que savent-ils ces savants titrés, reconnus par l'Etat, qui dévorent dans leur grave oisiveté le tribut de la veuve et du prolétaire? Couvrir sous un air sentencieux et doctoral leur fastueuse ignorance.

Le moment est venu où la science va revêtir les caractères d'une révélation publique.

Je dédie ce livre aux pauvres. Il y a les pauvres de l'esprit et les pauvres du cœur, ceux qu'écrase le sentiment de leur impuissance en face des maux d'une société injuste, ceux qui souffrent dans leurs affections, dans leurs rêves et dans leurs espérances froissées. Il y a les pauvres du travail et les pauvres de la maladie, ceux qui succombent sous le poids du jour ou de la fatigue morale pour distribuer le pain matériel à leur femme, à leurs enfants en bas âge; ceux qui portent dans leurs organes affaiblis la trace d'une vie tout entière de privations et de labeurs. Il y a encore les pauvres de la conscience, ceux qui, sollicités par le besoin ou par des influences coupables, ont aliéné leur honneur, leur liberté. Je m'adresse à tous ceux-là; je les embrasse tous dans la charité de la science. C'est un bonheur et une consolation que de se soulever les uns les autres vers la connaissance des lois éternelles qui régissent le monde, l'humanité; c'est un bonheur que de se dire les uns aux autres : « Nous revivrons! »

Travailleurs, mes frères, ce que vos ravisseurs, les usuriers et les exploiteurs du travail, ne vous enlèveront pas, c'est ce que vous aurez acquis au-delà du temps. Vous êtes dans la meilleure disposition d'esprit pour atteindre à la véritable intuition philosophique, pour découvrir la théorie de vos destinées et la formule de vos droits. La souffrance est une initiation à la lumière : comme l'enfant qui pleure en fixant le soleil, l'humanité voit Dieu à travers ses larmes.

FIN.

www.ingramcontent.com/pod-product-compliance
Ingram Content Group UK Ltd.
Pitfield, Milton Keynes, MK11 3LW, UK
UKHW021100200726
13857UKWH00003B/1025